全国中小学教师信息技术应用能力提升研修指南

学科教学与信息技术应用

（文科）

XUEKE JIAOXUE YU XINXI JISHU YINGYONG

主　编　袁　磊

编　者　王卓玉　黄媛媛　赵东华　李淑梅

东北师范大学出版社

长　春

图书在版编目（CIP）数据

学科教学与信息技术应用. 文科/袁磊主编. —长
春：东北师范大学出版社，2015.1
ISBN 978 - 7 - 5602 - 9046 - 1

I. ①学… II. ①袁… III. ①中小学—文科（教育）
—计算机辅助教学 IV. ①G434

中国版本图书馆 CIP 数据核字（2015）第 024361 号

□责任编辑：王　蕾　□封面设计：张　然
□责任校对：曲　颖　□责任印制：刘兆辉

东北师范大学出版社出版发行
长春净月经济开发区金宝街 118 号（邮政编码：130117）
电话：0431—84568021
网址：http：//www.nenup.com
东北师范大学出版社激光照排中心制版
临沂圣贤印刷有限公司印装

2015 年 1 月第 1 版　2019 年 5 月第 1 版第 2 次印刷
幅面尺寸：185 mm×260 mm　印张：6.75　字数：150 千

定价：15.00 元

前　言

　　教师队伍建设是教育信息化可持续发展的基本保障，信息技术应用能力是信息化社会教师必备的专业能力。为贯彻落实国家教育信息化的总体要求，全面提升教师信息技术应用能力，教育部决定从 2014 年开始实施全国中小学教师信息技术应用能力提升工程，并颁布《中小学教师信息技术能力标准（试行）》（以下简称《标准》）、《中小学教师信息技术应用能力培训课程标准（试行）》（以下简称《课程标准》）和《中小学教师信息技术应用能力测评指南》。《课程标准》综合考虑了我国中小学校教育信息化环境和教师信息技术应用能力水平的差异，旨在满足不同学科（领域）、不同起点教师的能力提升需求，推行菜单式、自主性、开放式的教师培训选学机制，确保按需施训。

　　本书严格按照《课程标准》的相关要求，旨在为中小学教师信息技术应用能力的提升提供相关的指导。本书在编写过程中，充分运用教学系统设计的思想，以课堂教学开展的具体过程为主线展开，从技术支持的课堂导入开始，依次是技术支持的课堂讲授、技术支持的学生技能训练与指导、技术支持的总结与复习、技术支持的教学评价。

　　本书在体例设计上力求创新、求实与统一，每个专题中都包括"学习目标"、"关键术语"、"内容导图"、"情境导入"、"活动"这五个要素。学习目标简要说明本专题的大概内容；关键术语可以作为学习者自学时的索引；内容导图让学习者无论是自学还是复习都能更迅速地把握本专题的核心内容。每个活动中都包括"理论导学"、"案例片段解析"、"小组讨论"、"实践活动"这四个环节。理论导学与案例片段解析一一对应，理论结合实践，升华学习者对理论知识的理解，同时利用"提示"将重点信息进行突出与强调；小组讨论和实践活动让学习者更容易开展自主学习与合作学习，在交互和反思中进一步固化和提升所学习的理论知识。本书在最后提供了五个不同学科的经典案例，不仅可以作为学习材料，也可以作为教学参考资料。

　　本书由东北师范大学袁磊主编并统稿，其中，专题一由袁磊编写，专题二、专题三由赵东华编写，专题四由黄媛媛编写，专题五由王卓玉编写，经典案例由李淑梅编写。

　　本书在编写过程中，参考和引用了国内外文献资料，收集了大量中小学语文、英语、历史、政治等学科的教学案例，在此向这些成果的作者表示衷心的感谢。

　　由于时间较紧、能力有限，书中难免存在一些问题和不足，恳请各位同仁和读者提出批评和建议。

目　录

技术支持的课堂导入

在本专题的学习中，您要努力达到如下目标：

1. 使用合理的技术工具加工、整合、开发数字化资源。(《标准》C7)
2. 能够在不同的设备和软件工具之间流畅地转换和衔接。(《标准》C8)
3. 具有信息道德与信息安全意识，并能以身示范。(《标准》C9)
4. 选择、改编或开发有助于突破教学重、难点的数字化资源。(《标准》C12)
5. 利用技术手段创设启发式学习情境，促进学生互动、探究与深入思考。(《标准》C13)

课堂导入　多媒体技术　学科教学工具

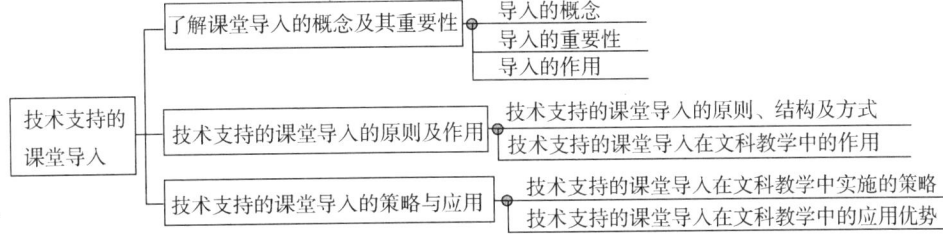

课堂导入是实施课堂教学的第一个环节，是教师采用简洁明快的语言或多媒体辅助技术拉开课堂活动的序幕，随之进入课堂教学主体的过程。好的课堂导入能把学生的思维一下子聚拢起来，提高整个智力活动的积极性。如果在课堂导入这一环节就能吸引学生的注意力、调动学生的学习热情、提高学生的学习兴趣，便获得了课堂教学成功的一半。那么，怎样利用多媒体技术手段优化课堂导入环节呢？通过本专题课程的学习，教师应掌握并利用各类技术资源支持以多样的导入方式来提高课堂导入的效率与效果。

活动一 了解课堂导入的概念及其重要性

理论导学

一、导入的概念

"导入"又称"导课"、"开讲"或"开场白"。从教育学的意义上来理解,"导"就是引导,是教师的行为;"入"就是进入学习,是学生的行为。课堂的导入是课堂上正式教学的启动,它是指课堂教学开始之时,教师有意识、有目的地引导学生进入新的学习状态的教学组织行为,是教师和学生在此过程中所有教与学活动的通称。

学生能否在上课开始很快进入角色,完全取决于教师的引导效果。有效的引导要求教师在最短的时间内(一般控制在3~5分钟)根据教学内容采用合适的手段,促进学生在情感、认知、信息等方面做好准备,以便主动参与课堂教学活动。

二、导入的重要性

教育学家赫尔巴特说过:"教育应贯穿于学生的兴趣之中。"物理学家牛顿从小就对自然现象特别有兴趣,并根据苹果落地现象提出了"万有引力"定律。世界上许多科学家的伟大发明都与兴趣有关。教育学家说,导入是教师在一项新的教学内容和活动开始前,引导学生进入学习的行为方式。引导的过程是为新内容的呈现搭桥、铺路的过程,是引发学生学习兴趣、诱发求知欲望、启发积极思维、为新知识的学习做好知识准备和心理准备的过程。俗话说,好的开始是成功的一半。有效的课堂导入确实能在某种程度上决定整堂课是否能顺利进行。

三、导入的作用

科学合理的导入是一节精彩的课的亮点,会在整节课中发挥重要的作用,甚至影响整节课的教学质量。那么,一个新颖的教学导入发挥着怎样的教学作用呢?

(一)激发兴趣,产生学习动机

课堂导入是课堂教学的第一个环节,旨在引趣及引发求知欲。学习兴趣是学习活动中最直接、最活跃的意向心理因素,对维系注意力、增强理解与记忆、激发联想和创造性思维、唤起情感体验都具有积极作用。这就要求教师要充分了解并把握学生的心理特点,拓宽教学思路,使学生变被动学习为主动学习,把"要我学"转化为"我要学",从而提高课堂效率。

(二)引起注意,迅速集中思维

课间活动是孩子们的最爱,所以铃声响起时有很多孩子并没有准备好上课,甚至上课开始几分钟后还处于放松状态,注意力并没有回到课堂,如果直接讲授新课,学生接受新知识的效果必然不理想，此时就需要发挥课堂导入的作用。教师运用能使学生感兴趣的课堂导入控制全场，吸引学生的注意力，让他们的兴奋点转到课堂内容上，使他们全身心地投入到学习中。注意力越集中，学习的知识记忆得越深刻，久而久之也能使学生养成良好的学习习惯，形成良好的课堂纪律。

（三）铺设桥梁，衔接新知与旧知

课堂导入的另一个作用是激活学生已有的相关背景知识，促进其总结和归纳已有的知识，建立新旧知识间的联系。这样，可以降低新知识的难度，让学生更容易接受，使学生习得的知识更加系统化。因此，教师在此环节找准新旧知识的联结点并挖掘新旧知识的相互联系是相当重要的，可以达到"温故知新"的教学效果。

（四）揭示课题，体现教学意图

导入是整个教学过程中的一个有机组成部分，它能有效地把学生的思维引入正轨，使学生明确新知识和技能的学习目标、主要内容、教学活动的方向和方式，使学生对新课题学习的重要性、必要性有所领悟，从而产生对学习的期待。

（五）沟通感情，创设学习情境

每节课的开始都是一个全新内容的展现，而教学的导入是在师生之间搭建起一座桥梁。在教学的起始阶段，一个和谐的情境、用语言营造优美的意境，无疑会大大提高课堂教学的效率。一个和谐、活泼、愉悦、热烈的气氛，可以使师生之间的情感得到交流，加强师生间的沟通，让师生共同融入课堂中，从而激发学生的学习欲望，使教学内容深深地触及学生的心灵深处，促使学生探求新知。

（六）给予享受，陶冶学生情操

优秀的导入设计，是知识性、思想性、艺术性的完美结合，其美学价值不容忽视。教师用优美的语言营造情境，再现形象，必然会使学生的心灵产生震动、拨动学生的心弦、陶冶学生的情操、完善学生的人格。

[案例片段解析] ⋯⋯⋯⋯⋯⋯⋯⋯⋯⋯⋯⋯⋯⋯⋯⋯⋯⋯⋯⋯⋯⋯⋯⋯⋯⋯⋯⋯⋯⋯⋯⋯

课前设计课堂导入环节，激发兴趣，使学生产生学习动机。

课前播放歌曲《生我养我的土地》，激情导引：

"生我是这块土地，养我是这块土地……"一声声歌唱，凝聚了人们对土地的多少深情厚谊！土地，母亲般亲切的名字，每每唤起你，就像母亲用那温柔的双手抚摸着我们，用那甘甜的乳汁滋润着我们一样；土地，你用你宽阔的胸怀养育着我们每一个中华儿女！

我们的祖先世世代代就在这片土地上生活、劳动、奋斗，对土地有着一种难以割舍的情感。人们不会忘记，当年走投无路漂泊谋生的农人身怀的"家乡土"；人们不会忘记，蛰居海外的侨裔床头上珍藏的"乡井土"；人们不会忘记，"寸金桥"上的民众抱着"寸土当金与伊打，誓与国土共存亡"的信念……岁月悠悠，能冲淡许多记忆，却带不走那一串串的深沉与悲壮。今天我们就一起来感受《土地的誓言》会带给我们怎样的震撼。

【设计意图】教学中，合理、有效地使用多媒体导入新课并教学，能让学生在最短的时间内入情入境。教师在课前播放了歌曲《生我养我的土地》，使学生很快对土地产生了热爱之情，接着在导入新课后安排了课文视频《土地的誓言》。

提示：学习兴趣是学习活动中最直接、最活跃的意向心理因素，它对于维系注意力、增强理解与记忆、激发联想和创造性思维、唤起情感体验都具有积极作用。

小组讨论

1. 讨论导入环节在文科教学中的重要性。
2. 讨论导入技能在文科教学中的作用。

实践活动

做一个文科教学的课堂导入的教学设计。

 活动二 技术支持的课堂导入的原则及作用

理论导学

一、技术支持的课堂导入的原则、结构及方式

（一）技术支持的课堂导入的原则

1. 直观性原则

多媒体技术所能提供的材料，应该具有形象、直观的特点，利用它进行学科导入时符合学生的认知规律，通俗直观，浅显易懂。例如，在导入新课时，利用挂图或动画来展示某一个场景，可以使学生遵循从具体事物到抽象理论的认知规律，通过直观感知去理解知识。

2. 承上启下原则

新课的导入要成为联系旧知识的纽带，要体现学科知识体系的内在联系，特别是在文科教学过程中，无论是语文还是英语等学科，注重其学科知识体系的联系显得尤为重要。多媒体技术具有连续移动屏幕、简洁明了、操作简单的特点，利用它可以增加导入知识的科学性，容量大，节省时间，提高了课堂效率，优化了导入艺术。

3. 趣味性原则

课堂导入应该寓趣味于其中，这样才能更好地激发学生兴趣，唤起他们的好奇心与求知欲。在开始新课之前，一段小视频、一个小动画，会马上调动学生们的积极性。多媒体教学工具可以在展示的过程中给学生留下深刻的印象，其强大的音像功能，能使导入自然、趣味横生。

4. 参与性与全体性原则

2001年6月颁布的《国务院关于基础教育改革和发展的决定》和之后颁布的《基础教育课程改革纲要》启动了我国新一轮课程改革。《纲要》中提出了"课程标准"的

概念，课程标准中强调每一位学生的全面发展，导入新课的目标和内容要面向全体学生，教师要做的是根据学生的认知水平，确定导入的目标与内容，结合多媒体技术，使导入的形式有利于全体学生的参与和实践，在这种导入方式中，可以选择头脑风暴的导入形式，调动起每一位学生的学习积极性，让学生对接下来新知识的学习充满信心。

5. 灵活性与简洁性原则

心理学研究表明：令学生耳目一新的新课导入刺激可以有效地强化学生的感知态度，吸引学生的注意指向。但导入作为一节课的开始，不能占用很长时间，要做到尽量简洁易懂，还要起到吸引学生学习兴趣的效果。因此，课堂导入要精心设计，做到画龙点睛，巧妙地运用技术将学生的状态调整到课堂学习的最佳状态，创造愉悦和谐的课堂气氛。

（二）技术支持的课堂导入的结构

1. 引起注意

导入的构想与目的是想方设法把学生的心理活动保持在学习行为上，与教学活动无关的甚至是有碍的活动能迅速得到抑制。当学生被导入活动吸引后，才能从教学的开始便得到鲜明而清晰的反应，注意学习，获得良好的学习效果。已经引起注意的标志是学生举目凝视，双眼有神，或侧耳倾听，或静静思索，或议论纷纷，等等。

2. 建立联系

在进行课堂导入的设计时，要充分考虑学生原有的知识和能力，要在学生现有知识结构的基础引导他们学习新知识。将教师的主导作用和学生的主体作用完美的融合，就能以较少的精力和时间有效地达到教学目标。建立新旧知识的联系的方法很多，可设计提问问题，学生逐步解答，随着问题的深入，旧知识便同新知识建立了联系，从而引入了新课。

3. 激起矛盾

瑞士教育心理学家皮亚杰指出，每个学习者头脑中都有一个认知结构，外界环境的刺激首先作用于认知结构。认知结构倾向于它才能被知觉，否则视而不见、听而不闻。皮亚杰认为并不是所有的外界刺激都能引起学习从而产生学习的需要，只有当认知结构与外界刺激发生不平衡时才能引起学习的需要。这说明，要引起学生的主动学习，不仅要使外界刺激与原有认知结构建立联系，还要构成某种矛盾引起心理的某种不平衡。只有在学生心求知而未得之意、口欲说而未能知其貌的状态下，学习活动才能真正地展开。

4. 期待学习

学习动机中最现实、最活跃的成分是认识兴趣，即求知欲。学生所处的年龄段对周围世界有所了解，但知之不多。因此，创设引人入胜的情境，能激发学生产生学习兴趣。自觉性是学习动机中的重要成分，一方面可提出严格的要求，另一方面要说明学习这部分知识和技能的意义。只有当学生清晰地认识到学习的意义时，才能产生学习的自觉性，迸发出学习的极大热情，表现出听课学习的强烈欲望。

（三）技术支持的课堂导入的方式

基于前面的认识，我们在利用多媒体进行课堂导入时，在做到形式上新颖的同时，

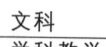

还要做到取长补短，充分发挥多媒体的作用。在具体设计时，可以选用如下几种导入方式：

1. 直观导入

直观导入是在讲授新课题之前，先引导学生观察实物、样品、标本、模型、图表、幻灯片、电视片等，以此引起学生的兴趣，并从观察中提出问题，创设研究问题的情景的导入方式。学生在直观感知过程中产生疑问，疑问引起学生学习新知识的强烈要求。由于实物、标本、教具（挂图、模型、幻灯片、投影片、电视、电影等片段）比形象语言更具有说服力和真切感，展示挂图、实物、标本、模型等，可以化抽象为具体，不但能为学生提供生动形象的感性材料，而且可以为他们积累丰富的感性经验，直观而且鲜明地揭示事物之间的联系。实物能加强教学的直观性和形象性。新课之前，出示与课堂内容有关的实物，导入自然，利于理解。在学习冰心的诗歌《纸船——寄母亲》一文前，教师向学生当场演示了叠纸船的过程，之后提问："同学们，这虽然是一只易破的纸船，但它曾经承载过一位游子对母亲的深切的思念，她就是我国著名女作家冰心。今天，让我们随作者一同漂洋过海，一起感受作者的赤子情怀。"

直观演示对于引起学生的学习动机及增强感知更有直接作用。因此，在导入时，对一些抽象的概念，教师可多提供具体实例，创设演示直观教具的机会，这有助于学生对概念的理解。这种导入方式，一方面能使学生获得丰富的感性材料，加深对事物的印象；另一方面可以激发学生的学习兴趣，有利于发展学生的观察力及加强对将学习新课内容的理解和记忆。因此，这类导入方式运用很广，在文科学科各年级均可使用，尤其是低年级适时运用这类导入方式效果更好。采用这种导入方式应注意实物、模型、幻灯、电视等的内容必须与新教材有密切的联系，在观察过程中，教师要及时地、恰如其分地提出问题以指明学生的思考方向，促进他们的思维，为学习新教材做好准备。

2. 情景导入

情景导入是指利用形象、直观的教学手段创造情景，把认知活动与其发生的实际生活情景有机结合起来。情景导入法是文科教学中最常用、最重要的一种导入新课的方法。一般来讲，文科教材中的对话和课文大多出现在一定的情景中。教师可以在新课起始阶段，借助多媒体实现对普通教学的扩充，并通过对真实情景的再现和模拟，使学生在一定的语境中感知、理解新语言材料的意义、用法、功能及作用，理解具体情景中语言所传递的信息。

多媒体不仅可以更加自然、逼真地表现多姿多彩的视听世界，而且可以对宏观和微观世界进行模拟；对抽象、无形的事物进行生动、直观的表现；对复杂过程进行简化再现等。利用这些功能，教师可以设计表格图片、选编视频画面、录制音频片段，把文字语言转化为立体的音视情景，以此刺激学生的视、听觉，从而达到引导学生进入教学活动的目标。

如讲《Unit Eleven—Clothes》一课时，教师用儿童节小朋友喜欢漂亮衣服引入新课，"Today we are going to a shopping mall. Look! There are many clothes." 六一儿童节快要到了，小朋友想要一件漂亮的衣服作为节日礼物吗？"Today, we're going to learn some new words and sentences about clothes." 多媒体课件上展示许多漂亮的衣

服、鞋袜等。

3. 悬念导入

在课堂教学导入中，我们使用的多媒体是由文字信息、图像信息、声音信息、触觉信息和嗅觉信息等有机结合，但更多的是选择其中两三种媒体进行组合。教师可以根据教学内容的特点和教学活动的需要，有意识地隐去某些关键信息的内容，例如：用马赛克技术处理画面，用音频技术处理声音，用视频截取技术为视频留下悬疑，由此产生信息上的悬念，激发学生的好奇心和探索欲，使他们为下步教学活动做好心理准备。这是抓住学生的好奇心强这一心理，在教学过程中为引入某疑难问题或一节课的难点而设置的。但设疑有一定讲究，提出的问题要匠心独具，具有独创性、科学性、规范性。如果教师在课前就紧扣教学内容设置悬念，提出疑问，且语调、语势、语音都很讲究，能紧紧抓住学生的好奇心，无疑将为下面的学习打下良好的基础。例如在讲《最后一课》时，教师用多媒体课件设计了这样的导入语："1976 年，美籍华人丁肇中因发现 j 粒子而获得了诺贝尔物理学奖。在瑞典皇家科学院颁奖典礼上，这位美籍华人不用英语而用中文发言。这一异常举动，引起世界强烈的反响，感动了不同国家、不同肤色、使用不同语言的人们。他的这一举动，为什么会引起人们强烈的反响？学习了《最后一课》这篇文章后，我们就能揭晓其中的答案了。"采用这种导入语，可以激发学生的求知欲，能收到很好的课堂效果。

4. 互动导入

多媒体技术借助计算机交互式综合处理多媒体信息——文本、图形、图像和声音，使多种信息建立逻辑连接，集成为一个系统并具有交互性。根据交互性这一特征，教师可以有意识地把学生作为一个信息源设计到课堂导入活动中。如：把文字信息隐去，让学生与多媒体中的图像信息或声音信息构成互动（看图说话、听音写话等）；把声音信息隐去，让学生与图像信息构成互动（看画面配音等）；把图像信息隐去或拆散，让学生与文字信息或声音信息构成互动（看文字画图、听音画图等）。又如：教师借用多媒体技术提供不完整的信息，形成互动空间，构建人机会话的互动模式。学生在直接参与这类互动的过程中，便自然地进入了课堂角色。这种方法较好地体现了"学生是教学行为中的主体"这一新课程理念。教师在与学生交流的过程中，可以及时地把握学生的思想动态，进而顺利地完成情感、态度、价值观的教育目标。如先锋英语二年级英语试验教材下册《Unit 10 What color is it?》一课的导入环节，Sing a flash song《what are you wearing today?》屏幕播放。师生同唱歌曲，既激发兴趣，活跃气氛，又把学生的注意力和思维带进英语课堂中，同时，复习句型"I'm wearing..."，为口头作文（描述手工画）积累语言。

5. 背景导入

利用视频媒体和音频媒体的功能，教师可以将与教学相关的背景材料生动形象地展现给学生。有时话题背景文字材料的难度会超出学生现有的语言能力，但多媒体技术能够通过画面、音乐等给他们搭建一个"支架"。有时课堂教学话题比较抽象，其相关背景也不直观。教师可以借助音频和视频媒体，引用与教学内容相关的名言警句、诗词、成语、歇后语、对联、典故或广告来导入新课，激发学生的兴趣。例如在学习《爸爸的花儿落了》一文前，教师用音频媒体设计了这样的导入："诗人汪静之有一首诗写得很美，我想和同学们一起分享其中的几句——'生命是一树繁花，时间是一根铁鞭，一朵一朵地击落，等到击完的时候，把满地残红踏入泥沙。'诗人对于生命的比喻，真的很美妙，'生命如花'，多么绚丽与多情啊！但纵使多情而美丽，有一天，它终会无奈地凋谢，在作家林海音儿时的记忆里，爸爸的花儿也落了。"

课堂导语，恰到好处地用一些诗文，不但能够很快地渲染一种诗情画意的典雅气氛，而且能创设"先声夺人"的审美情境，使课堂教学体现出鲜明的抒情格调，让学生接受美的熏陶。这种熏陶不仅有利于文科学习本身，而且有利于学生心灵与人格的健康发育。再如，《狼》这篇课文可采用成语导入的方法。"同学们，你们知道哪些和狼有关的成语呢？（生答：引狼入室、狼子野心、狼烟四起、狼吞虎咽、狼子野心、狼狈为奸、狼狈不堪）看来大家积累的成语不少，那么从这些成语来看，它们反映了狼的什么本性？（生答：狡猾、残忍、凶暴）我国清朝著名的文学家蒲松龄在《狼》这篇文章中就把狼的狡猾刻画得淋漓尽致，下面我们就来学习这篇课文。"同样是蒲松龄的文章《山市》，却可采用对联的方式导入："写鬼写妖，高人一等；刺贪刺虐，入木三分。这副对联写的是哪一位文学家？"又如讲英语课文《Colors》时，屏幕播放教师的手工画。教师利用一幅手工画（见下图）引导学生观察教师最喜欢的颜色，目的是帮助学生初步感悟主要句型，引入新知。

《Colors》手工画

T：I have a picture for you.

Teacher ask students to answer the questions.

What can you see?

I can see...

How many...?

There is /are...

6. 自主导入

根据不同的年龄段，有的学生已经具备了计算机操作技术。教师可发挥学生的特长，组织学生自己制作多媒体课件，并在上课开始时让学生自主导入，做课件呈现。具体做法：教师根据教材内容，事先布置任务；学生或独立制作，或合作完成，通过自主探究，收集各种相关信息，并用多媒体技术将它们有机结合起来；在课堂上，学生借助课件，做相关内容的陈述和互动。这种导入方法有一定的难度，且对学生的要求比较高，具体操作时可以由教师设定预习任务的明确程度来调控；任务给得越明确，难度也就越低。例如，在讲解《看云识天气》一文时，教师先在黑板上写下课题，然后问学生："看到这个题目之后，你得到了哪些信息"？生答："题目说明了云和天气之间有一定的关系，我们可以通过观察天空中各种云来识别天气状况。"通过解题，学生能明确本课的内容，对课文有了一个整体、直观的认知。又如在讲解《土地的誓言》一文时，教师先让学生独自分析题意，然后抛出问题："你是如何理解这篇课文的题目的？"有的学生说："这个题目本身就有问题，土地怎么会发出誓言呢？"也有人说："题目没问题，可以是拟人的修辞手法呀。"还有人说："不能这样理解，应理解成作者面对土地时发出的誓言。"见讨论愈演愈烈，教师马上接过话题："题目到底该如何理解呢？通过这节课的学习我们马上就能见分晓了，请同学们把书翻到第9课。"通过分析有歧义的课题引起了学生探究的欲望，为下面的教学做了良好的铺垫。

7. 联想导入

多媒体课件的动态、易变、超链接等特点有利于教师的设计活动，诱发学生围绕中心话题，进行"头脑风暴"。头脑风暴是一种集中的讨论方法，它旨在最大限度地发挥人的想象力和创造力。在头脑风暴过程中，学生可以围绕话题尽情展开想象，最后提炼出可用的元素，从而解决问题。在具体设计中，教师首先根据教学内容确定导入主题；然后设计各种能够刺激学生想象的影视图像、文字信息、歌曲音乐等与主题超链，构成一个联想导图；最后通过这个导入活动，学生能开阔思维。采用此法教学，能起到温故而知新的效果。例如在教学《孙权劝学》一文时，教师利用多媒体课件设计了以下导语："在第一单元中，我们学过一篇课文《伤仲永》，同学们还记得吗？（生答：记得。）这篇课文讲述的是一件什么事？（生答：仲永由一个天资非凡的神童沦为平庸无奇的普通人的故事。）这个故事告诉我们一个什么道理呢？（生答：天资固然重要，但更要注重后天的学习和教育。）是的，后天的努力学习才是个人成才的关键。今天我们认识的这位主人公就通过后天勤奋努力的学习，最终由一介武夫变成一个博学多识的大将。再如，在讲《斑羚飞渡》一文时，教师就以一个故事轻松导入："在一次森林大火中，蚂蚁家族不得不进行一次大规模的迁徙。面对熊熊燃烧的大火，大大小小的蚂蚁迅速地结成一个球体。为了那一线生的希望，它们冲向了火海。伴随着一阵噼噼啪啪的声响，最外层的蚂蚁被火吞噬了，烧焦了。然而，这蕴含着生命的团体仍向前滚动着，噼啪声越来越响，蚂蚁团越来越小，最后滚出火海的蚂蚁只剩下了一小团……这是一个感人至深的蚂蚁的故事。的确，在生与死的抉择中，有谁不渴望生呢？可是，这群蚂蚁却生得艰难，死得辉煌。今天，我们同样要聆听一个悲壮感人的关于斑羚的故事，现在就让我们一起走进这动人的故事吧。"

[案例片段解析]

在导入环节中运用设置悬念导入式设计相关内容。

《拿来主义》一课的导入：

"同学们对于课外阅读的兴趣甚浓，阅读的范围比较广泛。半个学期以来，据初步统计，全班看

的杂志种类多达六七十种。科技作品且不说，中外文学作品也有二百七十多本。其中有唐宋诗词、《三国演义》、《水浒》、《明清笔记小说选编》，有列夫·托尔斯泰的《安娜·卡列尼娜》、《战争与和平》，巴尔扎克的《高老头》，雨果的《悲惨世界》等，个别同学还看了《西厢记》。有一个同学在半个学期内课外阅读各种书籍达四十多本。大家这种读书的积极性是好的，应该肯定和表扬。然而，你们可曾想过，对待这些古代的与外国的文化遗产应采取怎样的态度才是正确的呢？是一概接受，还是全盘否定，还是采取审慎加分析的态度？今天我们学习鲁迅先生的《拿来主义》一文，可以从中得到启发，受到教育。"

【设计意图】这个导入从表面上看是对学生课外阅读情况的统计及对课外阅读情况的检查，实则是为如何"拿来"做铺垫，是为了激疑设问，设置悬念，引起学生的思考。

提示：用设置悬念的方法导入，可以有效地将学生的注意力吸引到既定的教学内容和教学目标上，给教学过程增添活力。

[案例片段解析]

小学英语第二册"Unit Three"—Let's play 采用 MV 歌曲导入新课。

Sing the song :《This is my room》

This is my room

This is my room

This is my room oh yeah

This is my room

I can sleep alone

I know how

I stay here on my own

And now

I wake from sleep with little rest

It's 10 by 9 and in a mess

A window shut but facing west

A worn out rug an old address and

This is my room oh yeah

This is my room

I often stay at home

I often sleep alone

I know how

【设计意图】让学生演唱与本课内容相关的歌曲，既能激发学习兴趣，营造英语学习气氛，又复习了有关家具和颜色的旧词汇，为下面的综合情景交流做好铺垫。

提示：课堂教学要选择合适的导入方式，培养学生的兴趣，从而达到引导学生进入教学活动的目标。

二、技术支持的课堂导入在文科教学中的作用

技术支持的课堂导入环节中，文科教学常用到的数字化资源包括文字、图片、音乐、视频等，数字化资源使课堂导入教学活动更直观、生动。

（一）文字在课堂导入中的作用

文字输入是多媒体教学中一项最基本的功能，也是一种最普遍的手段。在课文导入时，可以采用直接输入问题和提供背景资料等方式，其中较为有效的一种是通过文字输入采取"头脑风暴式"活动。头脑风暴（brain-storming）最早是精神病理学上的用语，是对精神病患者的精神错乱状态而言的，现在转化为根据一个主题或某个问题，个人可以无限制地自由联想和讨论，可以无限制地发表个人见解或意见，当所有的观点或意见都发表完之后，教师可引导学生对提出的意见和观点进行分类、分析和选择，引入正题，导入课文。由此，可训练学生的发散性思维，形成新观念和新设想。

（二）图片在课堂导入中的作用

心理学认为，图像可唤起和组织学生原有知识经验中的感性材料，帮助学生确定所学文字的意义，进行语言和形象双重联系，便于学生理解和记忆文章的定义，利用图画的艺术语言，展示其丰富的内涵，是一种极富诗意的导入。

幻灯片、投影仪是图画的一种形式，以多媒体手段参与教学，更直观生动。图片导入可使学生具体直观地感受到所学课文的内容，尤其是对难以理解的课文，有助于学生理解课文，容易激发学习兴趣，驱遣他们的想象能刺激学生的感官，吸引他们的注意力，并且印象深刻。可根据不同的教学内容，利用图片创设不同的情景。每册文科课本前都有几页插图，这些插图也是文科教学的重要素材，活用这些素材可一举多得。也可以利用网络优势，下载一些相关图片，制成课件。例如，在讲《华南虎》一课前，教师用课件的方式出示了几张老虎的图片，先让学生感受老虎威猛、高傲的风采。之后用低沉的语调说："老虎历来被人们称为'兽中之王'，它的威猛和高贵一直震撼着人们的心灵。我们要走进一只被囚的华南虎的内心世界，去感受它带给我们的震撼力。"在讲《My family》一课时，教师可准备一些自己和学生的家庭照片"Hello! My dear students. I am very glad to see you again and I think we all have a happy family. Look，there is a happy family.""Now please tell me who are they?" "Look at this picture. Who's this?"教师不仅用展示照片的方式引起学生的注意力，还复习了上一节课的句型，实现对以前学习内容的灵活运用，拉近了师生间的距离，为新句型的教学打下基础，降低新授课的难度。

（三）音乐在课堂导入中的作用

托尔斯泰说："音乐的魔力，足以使一个人对未能感受的事有所感觉！对理解不了的事有所理解。"教育心理学表明，音乐教育与智育相辅相成。音乐以其优美的旋律和动听的曲调活跃和丰富听者的思维与想象力，锻炼他们的注意力、观察力、记忆力，使学生在音乐声波的刺激下思维活动处于活跃状态，产生学习的积极性、主动性、创造性。通过播放与该课内容相关的多媒体来导入，能让学生在轻松的教学氛围下对新课产生吸引力。例如，在上《社戏》一课时，播放了一首《童年》，轻松活泼的歌曲将学生带入了天真烂漫的童年，引起我们对童年生活的美好回忆。又如讲《音乐巨人贝多芬》一课时，播放了贝多芬的名曲《命运交响曲》。《牛津小学英语》教材中有很多节奏优美的歌曲，它们贴近学生的学习内容，合理营造轻松愉快的氛围，能使学生很快地集中注意力。如 6A Unit 7 Christmas 新课开始，教师给学生播放了一首圣诞之歌，欢快的歌曲把圣诞节的气氛带到了学生的身边，而此时的学生热情洋溢、思维活跃，都积极地表达自己对圣诞节的看法。Christmas tree，Christmas present，Christmas father 等词一个个从他们的嘴中蹦出，学生在很短的时间内掌握了 Christmas 的相关词汇。利用多媒体播放与课文主题相关的英文歌曲，是小学英语课堂导入的一个常用且有效的方式，可以极大活跃课堂气氛，使学生很快融入英语大环境之中。

（四）视频在课堂导入中的作用

新课教学不仅向学生传授知识、培养能力，还要对学生进行思想教育与引导，以促使学生形成正确的情感、态度和价值观。例如，在讲《沁园春·长沙》一课时，教师播放毛泽东的《沁园春·长沙》视频，诗人首先选取的意象是湘江。在深秋的季节，诗人独自一人站在橘子洲头，望着湘江水日夜不息地向北奔流。脚下是橘子洲，面前是汩汩向前的湘江水，背后是"寥廓江天万里霜"的秋景图。视频把作者置于秋水长天的广阔背景之中，把读者带进了一个高远的深秋境界，还有一系列的意象：山、林、江、舸、鹰、鱼。山、林、江、舸分别为万山、层林、漫江、百舸，以数量和外在的表象渲染博大的、辽远的空间。莽莽苍苍的群山，层层叠叠的重林，成一片火红。千百条大船在宽广的江面上劈波斩浪，竞相行驶，一幅热烈的"百舸争流图"展现在读者面前，烘托了作者心中火热的激情。将一些影视资料通过多媒体播放导入新课，生动的场景往往会直接震撼学生的心灵，使学生如临其境、情景交融、感悟其中。心理学家认为，感知是认知事物的首要准备。视频导入是通过播放电影或录像，客观地直接刺激学生的感知，从而激活他们的求知思维。

[案例片段解析]

在课文导入情景中，运用 MV 视频播放《马说》动画。

人生得一知己足矣！从前有一个很会相马、名叫伯乐的人，有一次他看到一匹千里马拉着沉重的盐车吃力地翻越太行山。这匹马膝盖跪地，尾巴下垂着，皮肤也受了伤，爬到半山腰的时候就爬不上去了。伯乐非常爱马，于是他走上前去抚着这匹马的背哭泣，并且脱下自己的衣服盖在马背上。这匹马于是低头吐气，抬头长鸣，嘶叫声响彻云霄，马觉得遇到了知己，以此表达对伯乐的感激之情。"知己"这个词就是这样来的。今天，我们就来学习唐代著名文学家韩愈写的一篇关于千里马的文章《马说》，看看韩愈笔下的千里马是否遇到了知己。

【设计意图】利用视频引导学生自主听读《马说》的故事，了解"伯乐"与"千里马"的关系。

提示：教师可以利用生动、有趣的短视频引导学生对此篇文章产生浓厚的兴趣，探讨"伯乐"与"千里马"的关系。

[案例片段解析]

小学英语第一册《Unit Two》—Colors 采用 Flash 导入新课。

上课预备铃响过之后，教师通过电脑投影播放一段有关颜色的 Flash。

Red，Yellow，Blue，and Green stand up.

Red，Yellow，Blue，and Green turn around，and，

Stretch up high above your head.

Red，Yellow，Blue，and Green sit down.

Pink，Purple，Brown，and Tan stand up.

Pink，Purple，Brown，and Tan turn around，and，

…

播放完毕后，屏幕上随即出现一道彩虹，教师让学生说出彩虹的七种颜色，并把它们按照一定的顺序排列好，学生能说出几种常见颜色的单词。

【设计意图】在教学活动中，恰当地使用多媒体导入新课，能让学生在最短的时间内轻松愉快地学习。

提示：学生在音乐声波的刺激下思维活动处于活跃状态，产生学习的积极性、主动性、创造性。

小组讨论

1. 讨论怎样根据学生的具体特点选择合理的课堂导入方法。

2. 怎样利用多媒体技术做好文科课堂的导入环节？

3. 在课堂导入环节中有几种数字化教学资源？

实践活动

1. 利用联想导入的方式设计《人生寓言》一文导入环节的教学设计。

2. 根据学习的导入方式，设计九年级英语《It must belong to Carla》的导入环节。

活动三 技术支持的课堂导入的策略与应用

理论导学

一、技术支持的课堂导入在文科教学中实施的策略

新授课的导入对整节课的成败起着至关重要的作用。苏霍姆林斯基说："如果教师不想方设法使学生产生情绪高昂和智力振奋的内心状态就急于传授知识，那么这种知识只能使人产生冷漠的态度，而使不动感情的劳动带来疲劳。"新授课是以传授知识、形成以技能为中心任务的一种最基本的课型。导入环节是新授课的起始阶段，此时，教师可以运用恰当的导入策略，通过讲述、板书等手段来激发学生的学习兴趣。根据不同的划分标准，课程可分为不同的类型。根据教学任务划分，可以分为单一课和综合课。单一课只完成某一单一的教学任务，只进行一方面教学内容的教学。单一课又可根据其要求完成的任务分为新授课、复习课和练习课等。在这里我们只学习新授课的导入策略。良好的导入活动可以顺利转移学生注意力，引起学生的学习兴趣，使之尽快投入到课堂

教学中。新授课的导入策略可以多种多样。

（一）新授课中的教师独立导入

教师独立导入是新授课中使用很广的导入策略。"好的开始是成功的一半"，新课程开始，教师导入得当定会激发学生的求知欲，活跃课堂气氛。新授课中的教师独立导入有以下几种形式：

1. 直接导入

导入环节切忌烦琐冗长，如果是能简单扼要说清楚的内容无须多花时间。这就要求教师在导入时开门见山地将教学重难点告知学生，使学生明确学习目的，有条理有重点地投入精力。具体运用过程中，教师可以用直观图或者投影仪直接点出学习重点的方式向学生呈现。

2. 利用多媒体导入

为了吸引学生的注意力，教师可以在导入时利用多媒体，如音乐、影片视频等吸引学生，取得良好的导入效果，使学生对所学内容获得一些感性认识，如利用音乐制造气氛，把学生带入设计好的意境中。如果所授新课具有相关的影音资料，教师可以引入其中让学生在故事画面中领悟新授课的中心意思。在视频播放期间，学生们边看边讨论，课堂逐渐进入一种轻松的氛围中，学生们在交流的过程中会对新知识有一定的感性认识，此时，教师可以适当地提出几个问题启发学生。学生在思考这些问题的时候，新课程的结构便自然而然地被了解和接受。之后的讲解中，教师只需要进一步地说明就可取得良好的教学效果。随着网络的发展，教师可以借鉴网络资源，利用和教学内容相关的多媒体资料，如图片、视频、影片等，多方位多角度地加深学生印象，提高他们的学习兴趣。

（二）新授课中的师生共导

新授课中采取师生共导的策略，发挥学生的主动性是课堂教学一直倡导的。师生共同导入可以通过学生的积极参与来实现提高教学效率的目的。师生共同导入可以通过下面几种方式实现：

1. 问答互动导入

学而不思则罔。教师在导入新课的时候，在给学生们提供了适当的多媒体材料之后，可通过设置有难度的问题让学生思考回答，这样可以在一定程度上激发起他们学习的兴趣。问答是课堂活动的最基本行为，问答的作用在于发挥学生学习的主动性。教师在采用这种方式导入时，可以利用视频小游戏，这样既能吸引学生的注意力，也能达到启发他们思考的目的。需要注意的是，问题的设置应当难度适宜，否则会打击学生的信心。

2. 启发经验导入

学生所学的知识与现实生活是紧密相连的。教师从日常生活经验入手可以唤起学生的学习热情。教师可以为学生提供日常生活中喜闻乐见的图片或音乐，消除学生对新知识的畏惧感，自觉主动地投入新课程的学习中。

借助技术的课堂导入同其他手段导入一样是开放的，没有固定不变的方法。任何事物都有所长亦有所短，完全舍弃传统的、好的课堂导入是万万不可的。技术是一把双刃剑，教师要做到一切从实际出发，把技术当作教学的辅助工具，而不是一味地使用它、依赖它。总而言之，技术支持的课堂导入具有优越性、适时性和针对性，但是教师应该根据课堂需要选择最恰当的导入手段，让各种教学技巧有机地在课堂中结合，才能达到最好的教学效果。

[案例片段解析] ···

　　在课文导入情景中，运用图片、视频和 PPT 课件等方式，展示《济南的冬天》景色。

　　播放视频资源，将北平、伦敦、热带的冬天，与济南的冬天做对比，突出济南天气"温晴"的特点。教师再播放图片展示中国不同地域的冬天的不同景象，如北方白雪皑皑、千里冰封、万里雪飘、朔风怒号的雪国景象，而南方则是小桥流水的怡人景象，这些都不是济南冬天的景象。而济南的冬天特有的景致，阳光朗照下的山、薄雪覆盖下的山、城外的远山。教师通过播放 PPT 课件展示不同地域的冬天，在学生对冬天产生好奇和兴趣的基础上，把他们自然带到济南的冬天里，感悟济南冬天的美和作者对济南冬天的热爱情怀。

　　　　济南的冬天　　　　　　　云南的冬天　　　　　　　北方的冬天

　　【设计意图】采用适合的教学媒体技术，达到学生的情感目标。

··

　　提示：教师根据课文的教学内容，有针对性地、自如地转换教学媒体，让学生充分感受到自然景物的美感与作者的写作情怀。

[案例片段解析] ···

　　教学小学三年级英语第一册《Unit Six—Let's eat》第一课时，采用问答互动的方式导入：

T：Boys and girls, I'm happy. Are you happy?

Ss：Yes.

T：That's great! Let's play a game.

（This is a guessing game called "Magic Bag"）

教师打开 PPT 课件，让学生猜课件中包里的食物是什么。

S：Is it a banana?

T：Yes, it is.

在此环节，教师利用生动的游戏唤起学生开口说英语的意愿，更好地创设学习氛围。

　　【设计意图】教师通过设置问题让学生思考回答，在一定程度上激起他们的学习兴趣。问答是课堂活动的最基本行为，问答的作用在于发挥学生学习的主动性。教师在采用这种方式导入时，可以利用小游戏，这样既能吸引学生的注意力，也能达到启发学生思考的目的。

··

　　提示：需要注意的是，问题的设置应当难度适宜，否则会打击学生的信心。

二、技术支持的课堂导入在文科教学中的应用优势

（一）技术支持的课堂导入在文科教学中的应用方法

由于课堂教学导入策略的不同，所使用的导入方法也各具特色，同样的教学内容采用同样的课堂导入方法，不同的教师导入后却会出现显著的差异性。这就要求教师学会选择运用科学合理的导入方法，在新课程标准和现代教学理论的指导下，熟练把握各类课堂教学导入方法的特性，综合考虑影响课堂教学导入方法的各种要素，结合课堂教学的具体情况，合理选择课堂教学导入方法并能进行优化整合。

1. 根据文科的教学目标和教学内容，合理选择课堂教学导入方法

针对文科课程目标的不同，要借助与其相对应的课堂导入方法和导入技术；不同章节、不同课时的内容与要求也具有不一致性，这就决定了课堂导入方法的选择必须符合多样性和灵活性的特点。同是讲一堂文科课，不同的课时应具有不一样的特点，这就要求授课教师认真体会教材，根据教材内容选择适合的课堂教学导入方法。选用恰当的导入方法是备课的主要内容之一，教师上课时绝不能"一刀切"，否则可能使课堂沉闷，也就更难以展现课堂教学内容本应有的魅力。备课时，教师应该认真分析该堂课的目的，如是教原理掌握基础知识还是学方法理解与运用，或是培养学生的情感、陶冶情操。针对不同的教学目的，教学内容也必将相应地做出调整，导入的类型也就改变。例如，在教授原理性知识，也就是打基础的部分时，教师可以采用直观导入的方式，运用实物、实例引起学生兴趣，从而展开新课；而在理解运用的课堂中，由于是建立在已经学过基础知识的基础上，教师就可以采用问题导入、自主导入等方式引出该堂课的教学内容。

2. 根据学生的具体特点，选择合理的课堂导入方法

同一班级的学生，从知识水平到学习风格都有着明显的差异，不同年龄段的学生也会呈现明显的不同。这就要求教师能很好地把握这种差异性，良好的掌握可以影响教学导入的效果。有的学生接受新知识的能力强，有的学生则相对较弱；有的班级的课堂比较活跃，而有的班级略显沉闷。这就要求教师的导入方式灵活变动。比如，针对接受新知识能力较弱的学生，教师应该采取以"演绎法"为主的课堂教学导入方式，尽量做到使学生了解并掌握基本概念和原理，同时辅以适当的练习训练来强化课堂效果。对于基础水平较高且接受能力相对较强的学生，可以采用问题探究、自我导入、讨论等方式导入新课。在学生迅速掌握课本知识的基础上，进一步培养学生的创新思维能力。对于较活跃的班级，可以采用活动的形式，如合作讨论，可以迅速将课堂气氛引向高潮；而对于比较沉闷的班级，则需要采用提问法、问题法等方式，调动学生参与课堂学习的兴趣。

3. 根据教师的教学风格和特点，选择合适的课堂教学导入方法

对于同样的一门课，采用相同的导入方法，如果由不同类型的教师去讲授，可能会产生不同的教学效果，这就说明教师对于一堂课的影响的重要性。例如，有的教师比较外向，表达能力较强，而有的教师相对内向古板，逻辑能力较强，如果这两种类型的教师在教学过程中采用同一导入方法，就可能产生两种截然不同的教学效果。因此，这

就要求教师必须做到了解自我、把握自我，多和同事、学生交流，在选择课堂教学导入方法的时候做到扬长避短，选择合适的课堂教学导入方法，这就是课堂授课的关键。

（二）技术支持的课堂导入在文科教学中的优点

多媒体技术和学科教学工具提供文字、图形、图像、声音、动画等多种教学信息，不仅能使学生的眼、耳、口、手、脑等多种感官同时接受刺激，而且能使学生始终主动参与学习的过程。教师充分利用这些技术可以有效地激发学生学习的兴趣，调动学生认知主体的主动性和积极性，为学生营造一个色彩缤纷、图文并茂、动静结合的教学情境。它们在课堂导入教学中有着无可比拟的优越性。

1. 直观形象

多媒体技术和学科教学工具能发挥"绘色、摹形、拟音"等立体教学优势，它能再现文字描述的客观事物的形、声、色并直接作用于学生的感官，使其眼见于形，而闻其声，犹如身临其境，激发了学习兴趣。

2. 灵活多样

传统教学手段的单一性，大大限制了它的表现力。纵然有挂图辅助教学，但挂图的静止性、局限性很难表现教材所体现的事物的变化和多姿多彩。而多媒体技术和学科教学工具表现手段灵活多变，可以再现事物的变化，还可以根据不同对象的不同需要进行编辑。教师根据教学需要，选择适合的课堂导入，再运用多媒体技术，为课堂导入教学服务，针对性强。

3. 突破时空限制

从认知理论看，只有把新知识融于学生旧知识的图示中，学生才可以真正理解与接受。由于学生生活体验较少，当教材内容与学生实际相差太大的时候，学生很难理解与接受。多媒体技术能突破时间、空间上的限制，模拟场景，丰富学生的想象。运用各种多媒体手段对新课进行导入，是现代教育教学发展的必然趋势。传统的课堂导入方式众多，如利用语言、黑板、实物等将学生的注意力顺利引入课文主题。信息技术发展到今天，教师可以自制幻灯片课件等，用全新的方式引领学生自发自觉并带着迫切的求知欲进入一个新的教学模式。

[案例片段解析]

在导入环节中，使用实物展示《死海不死》。

教师事先准备了盛满水的大烧杯、玻璃棒、塑料勺、食盐、鸡蛋等。一上课，教师就把鸡蛋放入水中，鸡蛋沉入杯底。这时教师提问："谁有办法让鸡蛋浮起来？"学生争着想办法做实验。在多种实验后，终于有同学把食盐全部放入杯中，使鸡蛋浮上来。然后教师要求学生解释产生这一现象的原因，很自然地导入对课文的学习。文科课堂上的实验不多，但用实验演示，不仅使学生感到新奇，产生极大的兴趣，还可以让他们学会联系其他学科的相关知识进行综合的思考，将知识融会贯通，加深对课文内容的理解。

【设计意图】运用实物、实例引起学生的兴趣，激发学生灵感，产生学习动机，从而展开新课。

提示：根据文科教学目标和教学内容的不同，选择合适的课堂导入方式。

[案例片段解析]

在讲地理七年级上册《地球的运动》一课前，利用讲故事设计课堂导入环节：

教师：先听一个故事：某年 4 月 10 日 9 点多，一位老太太凭着一张中了 8000 美元的彩票在太平洋马绍尔群岛的花旗银行要求兑现，遭到银行拒绝。因为按票面规定，中奖领款日期是 4 月 9 日，老太太痛惜不已。这时一位中年人对老太太说："这张废票 3000 美元卖给我吧"。老太太心里想，这张废票反正无用处，就同意了。中年人拿着废票马上乘飞机从马绍尔机场飞往檀香山，1 小时后飞机降落在檀香山机场，这时当地时间是 4 月 9 日 11 时。中年人以 3000 美元买到的中奖彩票一下飞机就向檀香山花旗银行领取 8000 美元。死票复活，这是怎么回事？上飞机时明明是 4 月 10 日，怎么下飞机就变成了 4 月 9 日，难道时光可以逆转？今天这节课，我们就来揭开这个奥秘。

（学生听课，思考）

教师：现在是白天，正是上课的时间，同学们思考一下：再过 10 个小时，天空会怎样变化？

【设计意图】创设问题情境，让学生们在解决问题的过程中理解知识点，同时展开配套练习的训练，培养学生运用教材的基本知识点解决实际问题的能力，提高教学效果和教学效率。

提示：

利用讲故事的手段设计课堂导入环节，要注意故事的内容与所授新课内容相关联，否则很难让学生接受新知识。

小组讨论

1. 结合教学实际，讨论学科教学工具在课堂导入中的作用。
2. 讨论技术支持的课堂导入的基本类型。

实践活动

1. 根据所学知识，结合文科的教学目标和教学内容，设计一个课堂导入方案。
2. 利用 PPT 课件等技术手段设计初中地理课《亚洲的自然环境》一课的导入环节。

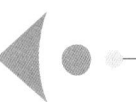

专题二

技术支持的课堂讲授

在本专题的学习中，您要努力达到如下目标：

1. 能够选择适当的教学方法，设计出运用信息技术解决教学问题、有效达成学习目标的教学设计方案。（《标准》C6、C7）

2. 能够合理选用、获取、加工、制作有助于突破教学重难点的数字资源。（《标准》C8、C9）

3. 了解信息技术应用过程中可能出现的问题，学会制订应对方案，确保相关设备、资源和软件在课堂教学环境中正常使用。（《标准》C10、C11）

4. 能够有效协调技术资源，使得技术资源与课堂教学深度融合。（《标准》C12、C13）

5. 观察和收集学生的课堂反应情况，能够适时地对教学行为进行有效调整，激发并保持学生的兴趣与注意力。（《标准》C14、C16）

6. 能够灵活处理课堂教学中因技术故障引发的意外状况。（《标准》C15）

数字教育资源　微视频　演示文稿　专题学习资源　探究学习资源　素材类资源
电子书　数字资源总称　虚拟实验室　模拟仿真系统　学科教学软件

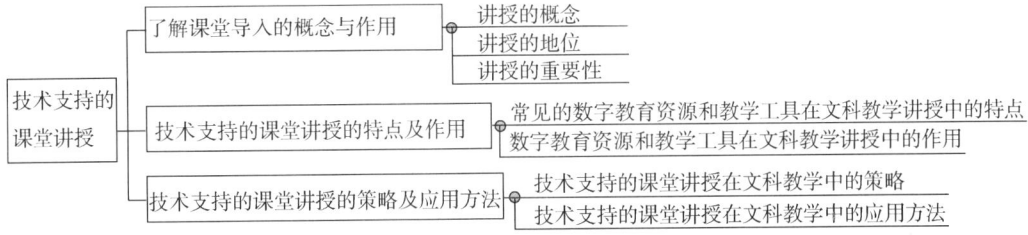

 情境导入

在课堂讲授的过程中，您是否尝试过利用技术资源辅助课堂教学？您是否了解一些常用的教育资源网站？您是否尝试过使用一些学科教学工具进行教学？在使用技术的过程中，您是否会感到迷茫或者无从下手？通过本专题的学习，相信会对您解决这些疑问有所帮助。

 活动一 了解课堂讲授的概念与作用

 理论导学

一、讲授的概念

课堂讲授技能是指教师运用口头语言，通过分析、解释、说明、论证、叙述、描绘等方式向学生系统传授知识的技能，是课堂教学中最主要、最常用的方式。讲授教学中教师起主要作用，教师要将学生所学内容以系统的形式呈现，使学生在短时间内获得大量信息。

二、讲授的地位

教学过程是一个复杂的、系统的过程，它是教师根据一定的社会要求和学生身心发展的特点，借助一定的教学条件，指导学生通过认识教学内容而认识客观世界，并在此基础之上发展自身的过程。在教学过程中，教师有目的、有计划地引导学生进行认识活动，自学调节自己的志趣和情感，循序渐进地掌握文化科学知识和基本技能，以促进学生智力、体力、社会主义品德和审美情趣的发展，并为学生奠定科学世界观的基础。一个完整的教学过程包含诸多教学环节，课堂导入、课堂讲授、课堂总结与复习、教学评价等环节都是教学过程中不可或缺的一部分，而在所有教学环节中，课堂讲授环节是整个教学过程的核心，它是教师对学生传授知识、开发智力、培养技能的重要环节，也是学生获取知识、增强技能的重要途径，因此，课堂讲授的效果直接影响整个教学过程的成败。

三、讲授的重要性

通过课堂讲授，可以发挥诱导作用和情感教育作用，引导学生思考和活动，进行小结、提出希望或要求。讲授教学有利于大幅提高教学效率，帮助学生全面、深刻、准确地理解教材，促进学生学科能力的整体发展。课堂讲授要求教师的语言要规范、简明、生动，教师要时刻关注学生的反馈信息，课堂教学中讲授要与板书、体态语相配合，教

学要紧密联系学生已有的知识经验。

[案例片段解析]

利用技术手段设计《献给母亲的歌》讲授环节，激发学生兴趣，使其产生学习动机。

镜头一：听故事（放歌曲《听妈妈讲那过去的事情》）

家，是我们避风的港湾，是我们成长的摇篮。相对于父爱，母爱是日常的、琐碎的。母爱更接近生活的真实和人的本性。当你第一次喊出"妈妈"时，母亲满脸笑容，满心惊奇，当母亲把你从怀中放在地上，让你爬，让你站，让你走，当你跌倒了，又把你扶起来，继续操练……从此，你便开始了全新的人生。（放录音，要求学生仔细聆听妈妈们的故事。）

镜头二：谈感受（放歌曲《我心中的故事》）

各小组分别展示搜集的有关资料（图片、文章等），然后谈自己的体会。

请学生展示与母亲有关的格言、俗语。要求同学们谈自己的感受。

镜头三：谢母恩（播放歌曲《念亲恩》）

慈母情，是母亲对怀中婴儿的甜甜的亲吻，是拍着婴儿入睡的悠悠的摇篮曲，是手把手教子写字的苦苦的耐心，是灯下为子飞针走线的不眠之夜，是期盼儿女成才的忧郁的眼神，是儿女远行时的句句叮咛，是过早爬上眼角的一道道皱纹。慈母情，是"三春晖"，是任何"寸草心"也难以回报的恩情，是人间最圣洁、最伟大、最无私的亲情。今天，我们之所以能健康地成长，母亲有多大的功劳啊。

镜头四：送祝福（播放歌曲《三百六十五个祝福》）

请学生介绍母亲节的由来。

学生依次出示小礼物，在多媒体画面、音乐声中（播放《万事如意》）对母亲说一句祝福的话。（教学在这种温馨的气氛中结束）要求学生在课后把礼物和祝福的话语送给妈妈。

【设计意图】在教学中，合理、有效地使用多媒体教学新授课，能让学生很快地入情入境，便于理解全文的中心思想。

提示：学习兴趣是学习活动中最直接、最活跃的意向心理因素，它对于维系注意力、增强理解与记忆、激发联想和创造思维、唤起情感体验都具有积极作用。

小组讨论

1. 以小组为单位，采用头脑风暴的方式，就课堂讲授的地位和作用进行深入讨论。

2. 上网搜索并下载两三篇关于"课堂讲授"的论文并进行小组交流。

实践活动

1. 设计文科课程《伤仲永》一课的课堂讲授环节。

2. 利用学科技术手段和网络教学资源设计语文课《曹刿论战》的讲授环节。

活动二 技术支持的课堂讲授的特点及作用

理论导学

一、常见的数字教育资源和教学工具在文科教学讲授中的特点

（一）文科教学常用的数字教育资源网站

1. 综合类网站

（1）国家基础教育资源网

国家基础教育资源网（http://www.cbern.gov.cn）是专为我国广大中小学教师和学生提供丰富的教育教学资源信息及网络化学习的平台类门户网站。在国家教育部基础教育司的指导下，由教育部基础教育课程教材发展中心、中央电化教育馆联合主办。它的教育资源非常丰富，涵盖了中小学各年级各版本的教材，使用者只需在网站上进行简单的注册后，就可以免费下载资源。国家基础教育资源网依据教育部颁布的《义务教育各学科国家课程标准》、《普通高中各学科国家课程标准》和《基础教育教学资源元数据规范》（CELTS‐42），结合我国广大中小学教育教学资源的实际及我国中小学信息技术教育现状，参考国内众多教育软件企业的成果及国外先进国家网络资源建设方面的经验，开发和建设一个以提供网络化教学资源服务为主体、以教学资源应用为重点、以促进教学资源可持续发展为方向的、充分实现资源共享的新型网络平台。

教师可以依据文科教学讲授环节的不同需要，按照课标、教材、年级、学科、媒体、专题等不同标准查找资源，该资源网站囊括了全部课标规定的单元学习内容或知识点，采用逐层递进的结构。可按"学科/学段"点击所需，列表中即可展示出相应的全部资源及其要素的描述记录。也可按教材浏览，页面左侧列出了"科目"、"版本"、"年级"，根据需要选择相应学科教材的版本与年级后，右侧列表中即可展示出相应的全部资源及其要素的描述记录。可按照媒体浏览，页面左侧列出了各种媒体类型，根据需要选择相应的媒体和文件格式后，右侧列表中即可展示出相应的全部资源及其要素的描述记录。可按专题浏览，页面左侧列出的都是在教育教学中专门研究或讨论的题目，可以利用这些资源对学生开展与加强思想品德、卫生、法制、安全、环保等教育，根据需要选择相应专题后，右侧列表中即可展示出相应的全部资源及其要素的描述记录，点击选中的资源标题，即可查看资源的详细描述并可下载。教师可以根据文科课堂讲授所需，利用国家基础教育资源网查看并下载相应的教育资源。

（2）惟存教育网

惟存教育（http://www.being.org.cn/）是我国教育信息化、网络教学和研究性学习专题网站。网站主要内容都是围绕基于互联网的探究性学习活动，对中小学教师开展网络探究活动具有重要的参考意义。该网站文科类学科包含语文、英语、地理、历史等，其板块分为专题探究、课程标准、文科教育等，教师根据课程需要，查询相关知识点并加以运用。惟存教育网对教师丰富文科课堂讲授环节提供了丰富的教学资源与意见。

（3）学科王

学科王（http://xuekewang.com/）是一个比较全面的中小学教学资源门户，汇聚听力、试卷、课件、教案、讲义、竞赛、论文等教学资源，关注高考、中考、小升初的资讯和模拟试卷，交流教学成果。学科王充分挖掘教师和学生、学校和师生各自的特性诉求，提供个性化、专业性的互动教学服务和网络增值服务，以此丰富、再造教育图书策划、出版的相关业务流程。教师根据授课需要进行搜索，索引包括热点资讯、精品课件、名师讲义、教案精华等，每个板块都囊括了初中文科的案例。

2．教案、教参类开放资源及网站

（1）人民教育出版社

人民教育出版社（http://www.pep.com.cn/）是直属于中华人民共和国教育部的专业出版社，其网站资源涵盖人民教育出版社出版的小学、初中、高中等文科电子课本及同步的教师教学资源和学生学习资源。网站分为教师中心和学生中心两个板块。教师中心板块分为同步教学资源和教学研究。同步教学资源为教师提供了初中文科各年级教材设计，详细到每个单元的每一课，不仅有优秀的教学设计，还有优秀课程的课堂实录。该网站为开放性网站，教育资源可以直接下载使用。

（2）百度文库、豆丁网、道客巴巴网

百度文库（http://wenku.baidu.com/portal/subject/9_s0_g0_v0）是百度发布的供网友在线分享文档的平台。百度文库的文档需由百度用户上传，经过百度的审核才能发布，百度自身不编辑或修改用户上传的文档内容。网友可以在线阅读和下载这些文档。百度文库的文档包括教学资料、考试题库、专业资料、公文写作、法律文件等多个领域的资料。下载百度文库的资源需要用户注册并支付相应的积分，而积分的获取可以通过用户上传文件得到。豆丁网（http://www.docin.com/l-10003-0-0-0-0-1.html）是全球优秀的 C2C 文档销售与分享社区。豆丁允许用户上传包括 *.pdf、*.doc、*.ppt，*.txt 在内的数十种格式的文档文件，并以 Flash Player 的形式在网页中直接展示给读者，但是资源的下载必须是豆丁用户并且耗费一定的豆元。道客巴巴网（http://www.doc88.com/）也是一个在线文档分享平台，该网站包含了众多的文档资源，允许用户上传和下载资源，但与豆丁网类似，要下载资源必须是网站注册用户并且需要耗费相应的积分。用户在此平台上不但可以自由交换文档，还可以分享最新的资讯，如电子图书、学术论文、培训资料、课件、讲义、各类书稿、文稿、各类翻译作品、文献、个人创意、策划等。

（3）第一课件网

第一课件网（http://www.1kejian.com/edu/2/）是一个免费的教学资源下载网站，该网站资源包含中小学的课件、教案、试题等资料和一些 PPT 模版、管理资料、论文等内容。用户可以免费下载网站所有资源，与此同时网站用户还可以上传自己的资源与其他用户分享。

（4）中小学课件站

中小学课件站（http://cai.edudown.net/）是一个免费提供从幼儿园到高中的课件下载服务的公益性网站，该网站提供的资源涵盖中小学各个年级、各个学科、不同版本的教材，内容非常全面，用户可以直接免费下载。

（5）蓝动网

蓝动网（http://www.landong.com/x_yw.htm）的教育资源主要集中在课件、教案、图片素材和论文等方面，其图片素材非常丰富，这是它区别于其他网站最大的不同。蓝动网的资源需要用户注册后花费相应的积分才能下载。教师可根据教学目标的需要有选择地浏览与下载。

（6）亿库教育网

亿库教育网（http://www.eku.cc/yw/）是中小学课件、教案、试卷、素材、图片、视频、论文、教学参考、文书、计划、总结、写作等资源的交流下载站，该网站所有资源全部免费，用户无须注册，点击即可下载。

3. 教学素材类资源网站

（1）图片类：百度图片

百度图片（http://image.baidu.com/）搜索引擎是世界上较大的中文图片搜索引擎，百度从 8 亿中文网页中提取各类图片，建立了世界第一的中文图片库。截止 2004 年底，百度图片搜索引擎可检索图片已超过 7000 万张。百度图片拥有来自几十亿中文网页的海量图库，收录数亿张图片，并在不断增加中。搜索你想要的动画、表情、素材……美图、新图、热图、酷图，根据需要自行挑选。通过百度获取图片素材是常用的方式，图片可以直接免费下载，但由于资源组织缺乏有效的排序方式，在浩瀚的资源库中找到自己满意的图片素材是一件比较困难的事情。

（2）视频类：优酷、土豆等视频网站

优酷网（http://www.youku.com/）和土豆网（http://www.tudou.com/）等是中国网民比较常用的视频网站，这些网站资源丰富、内容繁多，但必须具备良好的信息检索能力才能快速在这些网站中找到满意的资源。另外，下载这些视频资源必须安装相应的客户端，在这里教师可以使用硕鼠或者维棠下载器进行下载，这两个下载器无须安装视频网站相应的客户端就可以下载多个门户网站中的大部分视频资源。

（二）文科学科常用教学工具的特点

1. 概念图

概念图是一种用来组织和表达知识的工具，简单地说，就是将不同的概念放在圆圈或方框中，用连线连接相关的概念，连线上标明两个概念之间的意义及关系，其关键在于能产生创造性思维，具有直观性。制作概念图的工具可以是纸笔，也可以是粉笔，随着教学的深入，补充概念图，能让学生更加清晰地了解内容。概念图能促进学生知识结构的建造，将新旧知识更直观地展现出来，激发学生的学习兴趣，提高学生的阅读能力，提高课堂效率。通过介绍概念图的定义，阐述了概念图在文科实际教学中的应用效果。概念图是根据奥苏贝尔的有意义学习理论建立的一种用来帮助学习者建立整合的、结构化的知识教学工具，它以图形来表征知识结构，使思维具有可视化的功能，它的知识结构比较清晰，有利于学习者进行有意义学习和有效迁移。目前国内常用的概念图软件都是国外软件的汉化版，中国本土研究开发的概念图软件比较少，在一线教学中比较常见的概念图工具有 MindManager、Inspiration、XMind、MindMapper 和 FreeMind 等软件。

下面这幅树状概念图阐明了一个很重要的概念，那就是从句和非谓语动词是依附主句的存在而存在的。从句虽然有完整的主谓结构，但没有主句也就没有从句。换句话说，从句是不能单独存在的，它们的共性是都有关系词。虽然这幅图只列举了一部分句子结构，还有很多不足，但至少使学生明白了主句、从句和非谓语动词的关系，使学生在实际的语言应用中能够正确理解句子，从而减少出错率。

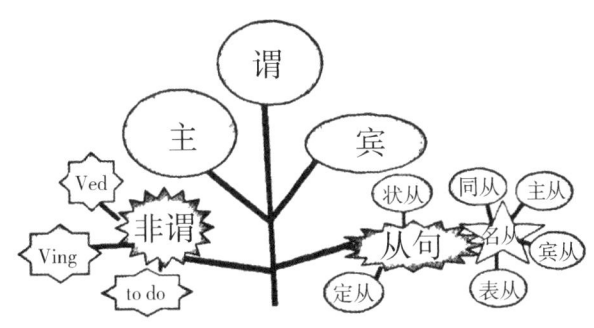

树状概念图

2. 交互式电子白板

交互式电子白板可以与电脑进行信息通讯，将电子白板连接到计算机，并利用投影机将计算机上的内容投影到电子白板屏幕上，在专门的应用程序的支持下，可以构造一个大屏幕、交互式的协作会议或教学环境，使用者触碰电子白板板面即可操控电脑。白板系统为每个学科准备了大量的学科素材，教师根据自己特定的教学设计和目标，应用资源库中的素材形成自己的教案，白板技术使教师应用资源库中的资源自我生成数字化教案的过程变得非常方便。由于白板系统兼容微软的各种软件应用，所以，教师还可以在白板上直接上网寻找课程资源。另外，其独有的拖放功能、照相功能、隐藏功能、拉幕功能、涂色功能、匹配功能、即时反馈功能等，提高了视觉效果，有利于激发学生的兴趣，调动学生积极参与学习过程。

[案例片段解析]

在课文讲解过程中运用概念图对《小石潭记》一文中的园林设计进行讲解。

作者描绘小石潭的石、水、光影、游鱼、树木，着力渲染出了凄寒幽邃的神韵，抒发了寂寞处境中悲凉凄苦的情感。使用概念图能激发学生的学习兴趣，提高文科素养，培养合作精神，活跃课堂气氛，因此，概念图特别适合需要学生发挥想象力的文科教学。

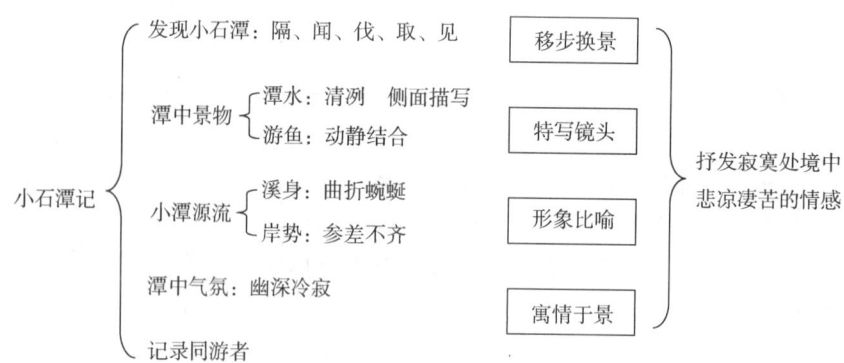

【设计意图】通过采用概念图的方式，教师能清楚明了地讲解《小石潭记》的说明顺序，很容易帮助学生理清文章思路。

提示：在教学过程中，教师利用概念图帮助学生理清文章思路，掌握说明的顺序。

[案例片段解析]

在讲地理七年级上册《自转与公转》一课时，教师利用 PPT 课件播放动态图：

教师指导学生从图中观察地球绕太阳公转的四个特殊位置上，太阳直射点的位置和白昼时间长短的变化过程，从而推理出四季的变化过程，试着解释地球自转与地球公转及其产生的地理现象。

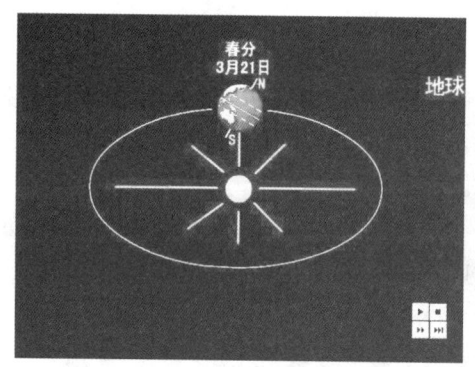
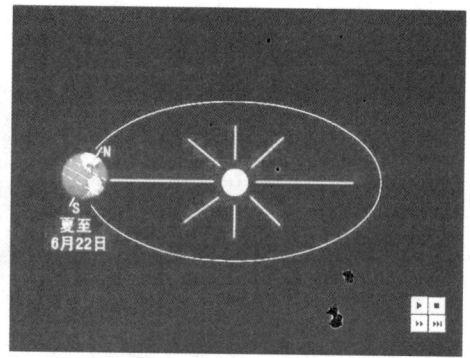

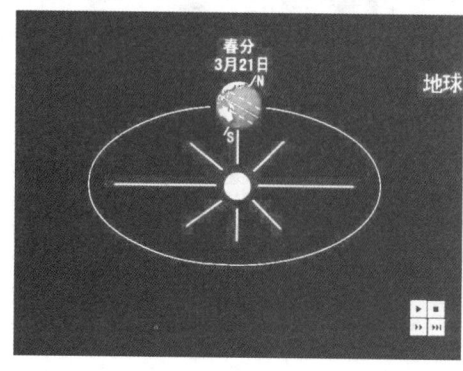
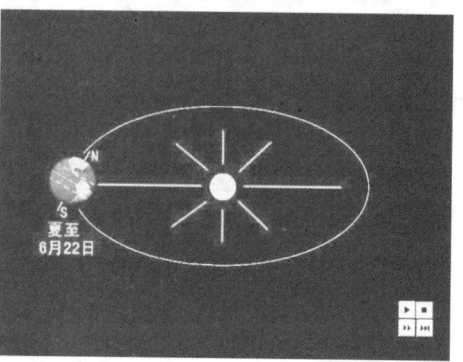

【设计意图】利用 PPT 课件帮助学生了解地球自转与公转的形成，动态图画能在学生的脑海

中留下深刻的印象，帮助其理解与记忆知识。

提示：PPT 课件的运用要适时适当，与授课内容相匹配，切不可播放不相关的内容。

二、数字教育资源和教学工具在文科教学讲授中的作用

在文科教学实践中运用数字资源和学科教学工具，使它们与传统教学手段有机结合、相辅相成，使学生在学习过程中获取的信息能成倍地增加，并在此基础上充分发挥其功能和优势，构成教学信息的高效传输和反馈，从而有效地帮助学生对文科内容的感知、理解，达到文科教学最优化的境界。创造数字化的学习环境，把数字化教学资源和学习方式纳入文科教学过程中，使学生以更富有创意、更生动的方式学习，从而达到培养学生创新精神和创造能力的教育目标。同时，把数字资源运用到直观性很强的文科学科中无疑是一个最富有创造力的应用课题之一。具体说来，数字资源和学科教学工具在课堂讲授中的主要作用主要体现在以下几个方面。

（一）丰富了教学资源，增加了课堂容量

传统课堂上学生获取的知识主要来源于教师的口耳相传和教材教参，学生接受的知识非常有限，而数字教育资源不再局限于传统的文字与图片，将视频、动画等多种形式的素材引入课堂，能够有效地丰富课堂的教育资源，并且由于数字资源反应的节奏快、密度高，能够在短时间内呈现给学生大量的信息，可以有效拓展学生的知识面，增加课堂容量。

例如，在讲英语《Unit 6 Mid-Autumn Festival》一课时，第一步：引入。（抛锚策略）

通过四季的图片引出秋季的节日 —— 中秋节。

第二步：传授新的语言知识（传递接受式）。

教授形容词的比较级。显示图片，教学生比较两种月饼的形状（大与小）、价钱（便宜与昂贵）、重量（轻与重）和颜色（深与浅）等。

第三步：读和演（角色扮演策略）。

让学生回忆有关美国女孩 Lucy 的信息，告诉学生 Lucy 要在中国过中秋节，学生做听前预测。播放课文对话的录音和视频。提问，检查听和看的效果。展示课文的对话，学生朗读。学生分角色对话。

第四步：语言运用（角色扮演策略）。

Lucy 与 Han Mei 在中秋节之前在商店里谈论选购哪一种类的月饼，运用比较级的知识比较月饼的形状（大与小）、价钱（便宜与昂贵）、重量（轻与重）和颜色（深与浅）等。

内容为一组谈论中秋节的对话和简单的比较级的用法。利用多媒体展示图片，分角色谈论节日和比较以及部分表示告别含义的语句和关于就餐的语句。

（二）有助于辅助呈现教学内容，改变教学内容的呈现方式，从而激发学生的学习兴趣

教育心理学研究表明：学习动机中最现实、最活跃的因素是认识的兴趣，人们在满怀兴趣的情况下学习，常常掌握得迅速而又牢固。兴趣是一个人积极探究某种事物或爱好某种活动的倾向，积极的思维是建立在浓厚的学习兴趣和丰富的情感基础上的，正如爱因斯坦所说："兴趣是最好的老师。"数字资源教学以其鲜明的图像、生动的形象、灵活多变的放映特点和媒体丰富的表现、交互功能引起学生的注意，新颖的手段最大限度地展现学生的联想思维，丰富的资源最大限度地满足学生的需求，非常符合学生的心理特征，能够充分满足他们的心理需求，从而很好地激发他们的学习兴趣。如在《燕子》教学中，利用课前 5 分钟，放映燕子的图片……深深感染了学生，吸引了他们的注意力。随后播放《燕子》的课件时，学生都能专心致志地注意课件中的每一个环节，在渴望知道悬念的气氛中，他们的注意力和教学内容成了一种最佳的结合状态。然后再学习这篇课文，学生的好奇心理和求知欲望溢于言表。这充分说明运用数字资源能把学生的认识过程、情感过程、意志过程统一到教学中，激发学生的学习动机，促使他们自觉地学习，使教学达到事半功倍的效果。

传统的课堂教学内容的呈现主要是依赖粉笔和黑板，学生只能通过教师的讲授被动地接受教学内容，教学手段比较单一。而现代技术手段的引入彻底改变了这种状况，数字教育资源可以将音乐、视频、新闻、图片、动画等多种元素融入课堂教学中，能够刺激学生的感官系统，有效地加深学生的记忆，并且能够激发学生的学习兴趣，为课堂增添生机与活力，保证课堂教学的效果。

（三）有助于突破教学重难点，优化教学过程

在传统的文科教学中，如何突出教学重点、突破教学难点的实际操作中往往会碰到难题。由于教师受年龄增长、知识狭窄等因素的影响，往往对某些课外知识的了解一知半解，虽然丰富的教学经验在一定程度上弥补了示范不规范所带来的影响，但还是会给学生的学习带来困难。在某些技术内容上，教师无法"逐帧"示范，往往造成学生在概念理解上的模糊，甚至错误。每当遇到这种情况时，教师常会感到无奈又无策，而数字资源正是解决这些问题的最佳工具，利用其灵活的动静、快慢、连间、重分等变换功能，可以把讲了半天还不一定讲清楚的重点、难点问题在几分钟内解决；可以使教学的重点、难点由抽象变得形象，由微观变得"宏观"，使学生正确地领悟学习的重点，又节约了教学时间，从而真正提高了教学效率。

如教学《口技》时，可利用已有的数字资源，将口技音视频在 PPT 上播放，让学生观看，使学生很快理解课文的主要内容，使教学的难点迎刃而解。可见，利用数字资源教学既可弥补感性材料不足的缺陷，又调动了学生的感觉直观功能，从而帮助学生更快、更好地掌握课文的难点和重点。这样教学动作技术不仅准确、规范，而且教师教得轻松，学生学得有趣。数字教育资源直观、生动的特点可以极大地强化学生的感知，帮助学生发展思维能力和想象能力，更有效地解决教师在教学中用语言难以讲清的重点，突破难点，有效地优化教学过程。

（四）有助于构建自主、探究、合作的新型课堂，能够给学生提供丰富的学习机会和个性化的学习体验

新课程标准下，文科教学在内容的选择上，将突破以往所规定的内容，更加注重内容要符合学生的身心发展特征，更关注内容的实效性、科学性和趣味性，一切有利于提高学生健康和激发学生阅读兴趣的内容都应该成为文科教学的内容，把学习的主动权交给学生，给学生以充分的选择机会和发展空间，让他们按照自己的爱好和兴趣来确定自己的学习内容和学习方法。传统的教育是以课堂、教师、书本为"三中心"，教育活动过程主要由教师推动，以整齐划一为特点进行集体化教学。技术支持条件下的教育给学生提供了更加多样的学习方式以及更加丰富的学习资源，如课堂视听方式、个别化学习方式、远距离传播方式和网上交互方式等。传统的教与学关系将改变，教师在教学过程中的主要任务变成组织、引导、帮助、督促学生学习，而教学过程将逐步被学习过程取代，"以学生为主"的探索性学习方式将成为主要方式。数字教育资源和学科教学工具的引入有助于构建自主、合作、探究的新型课堂，能够给学生提供丰富的学习机会和个性化的学习体验。

教师可在网上提供多种课件和教案，让学生根据自己的喜好选择练习的内容和方法。除了对传统教材的内容进行改造外，随着社会的进步、物质生活水平的提高以及大众文化的蓬勃开展，新兴的内容不断涌现。青少年喜欢天真的童话故事，通过校园文科网和文科数字资源库，让他们获取这方面的知识，从而给学校文科教学带来无限的魅力。

［案例片段解析］ ⸺⸺⸺⸺⸺⸺⸺⸺⸺⸺⸺⸺⸺⸺⸺⸺⸺⸺⸺⸺⸺⸺

查询相关《戏曲大舞台》名段欣赏：

播放戏曲名段，让学生欣赏，从中感受戏曲的魅力，激发喜爱戏曲的情感。

CCTV-3 戏曲节目、CCTV-3 春节戏曲晚会、CCTV-1 综艺大观、CCTV-1 曲苑杂坛

【设计意图】欣赏戏曲片段，了解中华文化的博大精深、中国戏曲的无限魅力，丰富学生的文化内涵，能够给学生提供丰富的学习机会和个性化的学习体验，有助于构建自主、探究、合作的新型课堂。

提示：此课的教学环境是网络环境，学生能自行查找资料。

［案例片段解析］ ⸺⸺⸺⸺⸺⸺⸺⸺⸺⸺⸺⸺⸺⸺⸺⸺⸺⸺⸺⸺⸺⸺

九年级历史下册第 6 课《第二次世界大战的爆发》，利用概念图梳理知识。

1939 年 9 月 1 日，德国闪击波兰。9 月 3 日，英国和法国对德国宣战，第二次世界大战全面爆发。

1939 年 9 月，波兰覆亡，苏联趁火打劫，开始向西扩展疆域，建立所谓的"东方战线"。

1940 年，德国发动"闪电"攻势。

1940 年 5 月 10 日，德军决定采用"曼斯坦因计划"，完成对丹麦、挪威、卢森堡、荷兰、比利时等国的占领。

1940 年 5 月，英法联军在法国敦刻尔克大撤退。

1940 年 6 月，德军对法国发动总攻，意大利趁火打劫，对法宣战。6 月 22 日，法国投降。

1940 年 7～10 月，希特勒发出了关于入侵英国的训令（海狮计划）。

1941 年 6 月 22 日，德国撕毁《苏德互不侵犯条约》，入侵苏联，执行巴巴罗萨计划，苏德战争爆发，第二次世界大战进一步扩大。

二、第二次世界大战的爆发

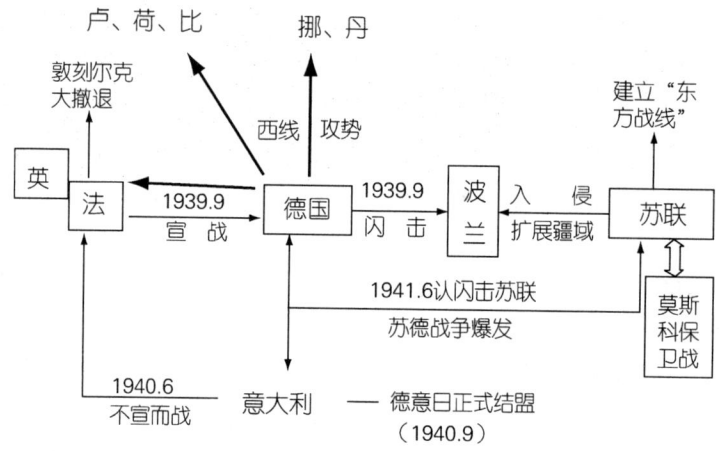

【设计意图】利用概念图能很容易让学生理顺和理解事件之间的链接关系，理顺重大事件的发生时间和各国的重要事件，帮助学生快速记忆。

 小组讨论

1. 以小组为单位谈一谈自己在使用学科教学工具的过程中遇到的问题与相应的解决方法。在学习小组内，谈一谈自己使用数字教育资源和学科教学工具的心得。

2. 以小组为单位交流、探讨在使用数字教育资源和学科教学工具的过程中应该注意的问题。

 实践活动

结合自身的学习，利用学科教学工具设计八年级上册《Unit 5 Can you come to my party?》的讲授环节。

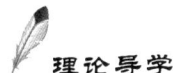

活动三 技术支持的课堂讲授的策略及应用方法

理论导学

一、技术支持的课堂讲授在文科教学中的策略

文科课程目标从知识与能力、过程与方法、情感态度与价值观三个方面进行设计，主要着眼于文科素养的整体提高。具体教学内容包括识字与写字、阅读、写话与习作、口语交际、综合性学习五方面。在技术支持环境下不同的教学内容选择的数字教学资源和学科教学工具各有侧重。下面将根据这些不同的教学内容分别陈述其相应的教学资源的选择策略。

文科课程致力于培养学生的语言文字运用能力，提升学生的综合素养，为学好其他课程打下基础；为学生形成正确的世界观、人生观、价值观，形成良好的个性和健全的人格打下基础；为学生的全面发展和终身发展打下基础。文科课程对继承和弘扬中华民族优秀文化传统和革命传统，增强民族文化认同感，增强民族文化认同感，增强民族凝聚力和创造力，具有不可替代的优势。

（一）识字与写字

识字是学生进行学习活动的基础，也是阅读和写作的基础。识字教学中教师首先应该培养学生的学习兴趣，采用多种方法使学生获得识字的乐趣，这就要求教师应该创设轻松愉快的课堂氛围。由于识字与写字的教学内容主要在小学阶段进行，且由于小学生年龄特征和认识水平的特殊性，教师应尽可能采用直观、生动、丰富的教学资源，采用现代化的教学手段，让教学内容由抽象变得形象、直观，将教学任务以文字、图片、音频、视频等多种形式展示出来以吸引学生的学习兴趣。在具体的识字教学中可采用以下策略提高学生识字的效率。

1. 情境引入，激发兴趣

由于认知习惯特征，大部分学生都喜欢在丰富多彩的课堂情境中学习，利用多媒体课件就可以很好地实现这一目的，激发学生的学习兴趣。如在讲授生字时，可利用多媒体课件将识字环节模拟为给生字宝宝起名字的环节，这样就可以激发学生的学习热情，提高识字环节的效率。

2. 概念图呈现，拓展识字

运用概念图可以将结构或者偏旁部首相似的生字进行归类整理，如在讲授生字"青"的时候，可以让学生利用加一加的方法拓展学习"菁""清""情""晴"等生字。利用概念图对汉字进行剪辑组合，既调动了学生学习的主动性，提高了学生识字的效率，又增加了课堂的容量，让学生在短时间内能够迅速提高识字量。又如生字词概念图，由于低年级学生的抽象思维能力较差，单靠教师的讲述或学生的想象，很难使学生对某个字产生深刻的印象，遵循教学的直观性原则，恰当地运用多媒体手段，可以将复杂、抽象的教学内容变得比较简单、明确和具体。

3. 动画描红，笔顺学习

写字在识字教学中，是一项重要的基本功，是巩固识字的重要手段。汉字笔画的学习也是识字教学必须强调的重要内容，传统课堂上汉字笔顺的学习主要依赖教师在课堂上的范写，但是由于课堂时间有限，教师范写生字比较浪费时间，且不能引起学生的学习兴趣。因此，传统课堂的写字环节相对低效。利用数字教育资源进行汉字笔画教学，不仅能够呈现结构、运笔示范，把比较抽象的起笔、行笔、收笔、笔顺规则等过程直观地展现在学生眼前，还能够极大地吸引学生的注意力，帮助他们理解笔画、结构等特点，便于他们记忆模仿。如课文中出现"鞭"字的识别（见下图），分别有笔顺、笔画、偏旁部首、组词和发音的功能。

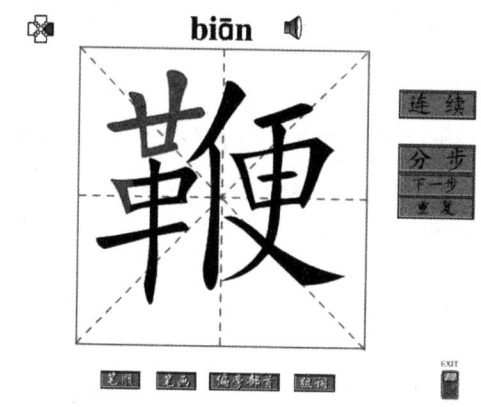

4. 游戏识字，快乐记忆

由于儿童特有的认知特点和心理特征，他们都喜欢玩游戏。教育游戏引入教学真正实现了寓教于乐的目的，教育游戏和识字教学结合，必然能够激发学生识字的热情。如"青蛙跳伞"、"摘苹果"等识字小游戏教学以其形象性、多样性、新颖性、趣味性、直观性、丰富性等特点，大大激发了学生学习中国汉字的兴趣，使他们乐学、善学。

例如，《我最喜欢春天》识字课教案教学设计中利用"生字碰碰车"游戏学习生字。

过渡：同学们想出了这么多好的办法记住生字的样子（生字闪动）。

师：写起来比较简单的字还用我们现在拍吗？（课件：拍拍我们的照片）那我们应该给哪些字拍照呢？（学生说出比较难写的字，师同时给这几个字打上问号。）

学生自由练习书写。

师：那大家就打开书第七页，把这几个字描一个写一个，看谁拍的照片好。

学生自由练习，师巡视观察。

（二）阅　读

阅读教学是文科教学的重要组成部分，它要求学生能够能初步把握文章的主要内容，了解文章的表达顺序，在阅读中体会作者的思想感情，初步领悟文章的基本表达方法，体会文科学科的人文性特点。传统的灌输式的教学方式严重肢解了文科学科的人文性，而数字教育资源以自身特有的优势创新了传统教学手段，它整合了文、图、声、画、影等现代因素，有效地与文科教学相结合，让文科阅读课变得多姿多彩起来，使文科学科真正做到了人文性和工具性的统一。在阅读教学中可采用以下策略提高课堂教学效果。

1. 利用数字动画或视频资源再现阅读情境，体味文章意境

文科阅读教学中有许多课文是描述情境的，并含有较深的意境，传统的技术手段很难重现文章的意境。利用数字教育资源，教师可以为学生创设良好的意境，例如在古诗词的学习过程中，由于诗的背景和学生生活的时代比较脱节，尤其是小学生对古诗词的理解会出现偏差，这时候利用数字动画或教学视频再现古诗词的表达情境，学生就可以在轻松愉悦的环境中加深对古诗词的理解。再如讲解初中语文《安塞腰鼓》一文时，利用多媒体优势让学生欣赏一段"安塞腰鼓"的表演视频。奔放、动感的画面，热烈、铿锵的音乐，让学生直观、感性地感受到生命的激越，一下子就渲染、烘托出激越的课堂氛围，学生的学习热情高涨。

2. 利用多媒体数字资源烘托文章气氛，拓展阅读内容，升华课文情感

一节成功的阅读课能够让学生与作品表达的情感产生共鸣，从而达到以读促思、以读促悟、升华感情的目的，而相同的体验则是产生情感共鸣的基础，由于认知环境和生活体验的差异，有些文章表达的内容对学生来说既遥远又陌生，学生很难与作品产生共鸣，在教学中若能恰当地运用多媒体资源则能起到事半功倍的效果。例如《狼牙山五壮士》教学，单凭教师的讲授是不能让学生真正体会到战士们英勇奋战、不怕牺牲的精神的，如果教师在讲授的时候能够利用多媒体课件给学生提供战争的背景资料，给学生们奠定感情基调，这样学生就很容易感悟到战士们英勇无畏的精神。这样的设置既深化了课文的情感目标，又拓展了相关资源，增加了学生的阅读量。

3. 利用概念图梳理课文结构，辅助学生理解，归纳文章主题

文科教材中有些文章的结构较为复杂，学生理解起来比较困难，借助概念图可以很好地理清文章的框架结构。教师可以按顺序将文章的主要内容罗列出来，作为概念图的各个节点，将第一步的概念图节点进行概括，最终提炼出文章主题，这有助于学生理解文章的框架结构。如人教版七年级下册《邓稼先》一文（见下图）的课文结构，能清楚明了地让学生了解行文结构，更快地了解课文的中心思想。

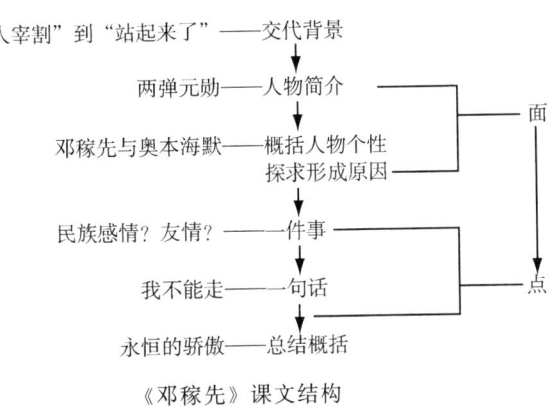

《邓稼先》课文结构

4. 利用多媒体数字资源有助于化抽象为具体，辅助学生理解教学内容

文科教材中，有些课文内容含义较深或过于抽象，脱离学生的生活实际，学生难以认识和理解。借助数字教育资源，能变静态为动态，变抽象为生动有趣，使学生充分鲜明地感知。如在讲七年级上册英语《Unit 7 How much are these pants?》一课时，可以利用PPT课件（见下图）展示不同食物的名称和实物的大小，让学生充分、形象地理解"pants"与"shorts"。

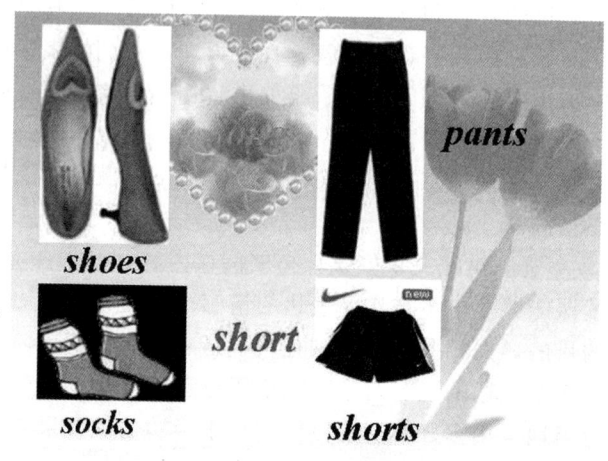

《How much are these pants?》

[案例片段解析]

要求学生利用思维导图对《从百草园到三味书屋》进行梳理。

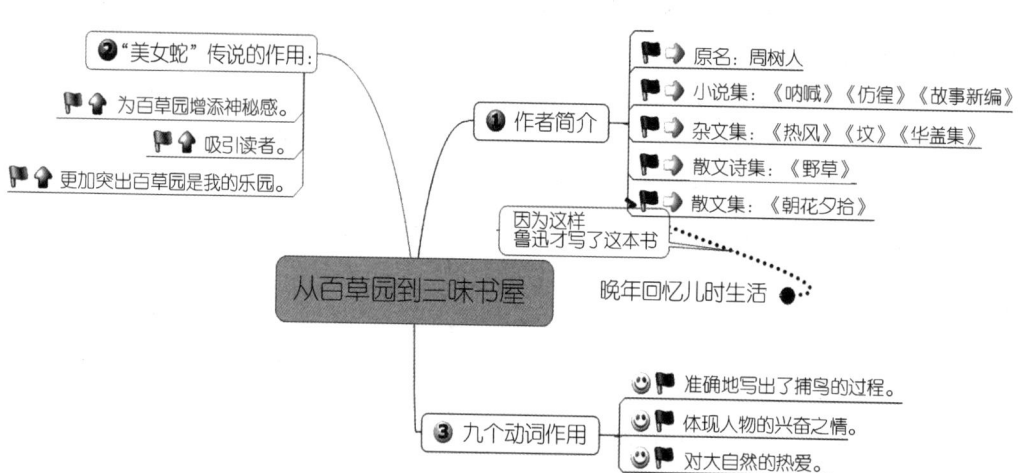

全文前写百草园，后写三味书屋。就局部而言，写百草园含三大块内容：夏天的百草园、美女蛇的传说、冬天的百草园。写三味书屋，先写三味书屋坐落的位置及格局陈设，写第一次行礼、第二次行礼，插叙"怪哉"虫的传说，后写读书生活（读书、习字、对课），写溜到后园里玩耍，再写师生朗读，写孩子们偷偷在课堂上做戏、描绣像。利用思维导图把整个行文图画都展现在我们面前。

【设计意图】思维导图运用图文并重的技巧，把各级主题的关系用相互隶属与相关的层级图表现出来，把主题关键词与图像、颜色等建立记忆链接，思维导图充分运用左右脑的机能，利用记忆、阅读、思维的规律，协助人们在科学与艺术、逻辑与想象之间平衡发展，从而开启人类大脑的无限潜能。

提示：这是一种带有理性色彩的课堂学习活动，它所养成的是一种分类整理的能力和习惯。这种能力和习惯训练得越早，学生对课文材料归类的意识就越强。而"归类"是"研究性学习"的重要技能之一，能更好地引导学生进行自主探究。

二、技术支持的课堂讲授在文科教学中的应用方法

（一）数字教育资源在文科教学讲授中的应用方法

1. 微视频

微视频是短则 30 秒、长则不超过 20 分钟、内容广泛、视频形态多样、可通过多种视频终端摄录或播放的视频短片的统称。短、快、精、大众参与性、随时随地、随意性是微视频的最大特点，十分适合文科课堂教学。应用微视频时教师需要注意以下几点：

（1）微视频必须着眼于文科教学目标，围绕教学内容，遵循教学规律，具有教学性。

（2）编制微视频要精心选题，考虑学科差异和教学内容差异，力求使教学信息多向传递，不能限制学生高级思维能力的发展。

（3）利用微视频教学可以优化学科教学，但不宜单一使用，要把微视频和传统教学相结合，两者相互补充，选择最佳作用点，把握最佳时机，使微视频发挥传统教学不可替代的作用，解决教学中的重难点问题。

（4）微视频虽有视听结合、重复再现、省时省力的功用，但不可完全用此替代教师的课堂教学。在运用微视频开展课堂教学时，要把握好时间的长短，控制好定格或重播。

2. 多媒体课件

为了使多媒体课件更有效地发挥作用，运用多媒体课件进行文科教学时，应该注意以下几点：

（1）多媒体课件要突出重点，适度运用

多媒体课件的使用应坚持突出重点、突破难点的原则，把传统教学手段难以解决的知识难点，利用计算机的动态模拟技术展现在学生的面前，这样的课件才有使用的价值。否则，若将书本简单地电子化，就会冲淡课堂教学的主题；不利于改进教学，反而会挫伤学生通过多媒体教学学习的积极性。

（2）用多媒体课件呈现内容要适量

多媒体课件的教学意义在于能够创设形象直观、内容丰富的学习情景，优化学习过程，提高学习效果。运用多媒体课件教学能有效地增加课堂容量，但运用多媒体教学的基本目的在于使学习者实现有效的学习，若课堂教学信息量过大，超出了学生个体处理和利用信息的能力，容易造成学生的心理压力，信息超载容易造成学习倦怠，降低学习

兴趣，因此，教师在教学过程中，要根据教学需要及学生的认知水平和心理特征合理控制教学信息量。

（3）要注意和传统教学相结合

现代技术手段只有和传统教育技法取长补短、优势互补，才能真正促进教育的快速发展。多媒体固然有其他媒体无法比拟的优越性，但其他常规媒体的许多特色功能也不容忽视。不同的教学内容和教学目标可选择不同的教学媒体。

（4）多媒体课件的运用要注意发挥教师的主导作用，坚持以人为本

在整个教学过程中，教师切忌单纯地操纵机器。在课堂教学中应充分发挥教师的主导作用，通过富有情趣的讲解和师生之间的相互交互，调动学生积极参与教学。这种良好的教学效果及对学生心理产生的正面效应，是任何形式的电子媒体所不能替代的。课件的运用要体现以人为本的思想，通过教师和学生之间的交流合作，真正提高课堂的教学效果。

3. 素材类资源

素材类资源在文科教学中的应用越来越普遍，其有效性也越来越受到重视，因此，如何提高素材类资源在课堂教学中应用的有效性已成为众多一线教师关注的热点问题。下面将阐述提高素材类资源在文科课堂应用中的有效性的具体策略。

（1）资源的选择不仅要考虑资源类型，更要结合教学目标和教学内容，并且考虑实际的教学需要

网络资源的突飞猛进使得教学资源的数量呈爆炸式增加，但与此同时，教学资源也出现了良莠不齐、鱼龙混杂的局面。如何在众多的素材中筛选出适合课堂讲授所需要的资源已经成为困扰很多一线教师的问题。要注意的是，选择教学资源时，不仅要考虑资源类型，还要考虑资源内容，切忌盲目选择。关于资源类型的选择，一般认为动态的文本比单一呈现的文本更具刺激性，而图片所创设的情境更优于文本的效果，动画、音视频的应用能更好地使师生互动，能直观、动态、准确形象地传递信息。选择资源时，要注意精挑细选，仔细斟酌，做到能用视频的不用图片，能用图片的则不用文本。这样的选择能够保证获取的资源是最好的。

关于资源内容的选择，要注意结合教学目标和教学内容，并且考虑实际的教学需要，所选的资源内容要能最好地呈现教学内容，最有效地激发学生的学习兴趣，激发学生的学习动机，并能最大限度地提高学生的积极性和主动性。

（2）资源的应用要适时、适度和适量

优质的素材资源对文科课堂教学的影响越来越大，但它们只是教育教学的辅助手段，不能把教学全托付给它们，不能用各种素材资源代替教师对教学问题的深度剖析，更不能用它取代学生的探究活动。各种素材资源的应用要适时、适度和适量。适时是指教师要把握资源应用的时机，既不能一概不用，也不可满堂使用。恰到好处的使用既能激发学生的学习兴趣，突出学习重难点，又能调动学生的积极性。适度是指在教学过程中不能过于依赖各种素材资源，应该引导学生分析、思考、互动、生成与创新。适量是指教师要控制素材资源传递的信息量，无关的动画、与课题不相干的图片，以及多余的音视频可能会对学生产生误导，不利于学生知识的建构和技能的提升，因此要及时

去除。

（3）素材资源的选择要考虑学生的认知水平和心理特征

新型的课堂结构应该是教师主导、学生主体的一种结构，教师的教是为了最大限度地促进学生的学，因此，教师在教学过程中，不仅要关注如何教、教什么，还要关注学生的学。教师要依据学生的认知水平和心理特征合理选择资源，低年级的学生比较倾向于音视频、动画等资源，而高年级的学生可以接受文字、图片等素材资源。教师根据学生的认知水平和心理特征选择素材资源，更能调动学生学习的积极性，从而提高课堂参与度。

（二）学科教学工具在文科课堂讲授中的应用方法

学科教学工具由于其优秀的表现力和较强的互动性已经成为重要的教学手段之一。在实际的文科课堂教学中，文科教工具的应用要注意使用一定的方法才能取得良好的教学效果。具体体现在以下几点。

1. 学科教学软件的选择不仅要考虑学习者的认知水平和年龄特征，也要考虑学科内容和教学目标

在教育领域中也产生了一系列的教育软件，在教学中应用教学软件提高教学效果的前提是必须选择适用的教学软件。当前教育软件纷繁多样，如概念图软件就有MindManager 和 Inspiration 等，选择合适的教学软件不仅要考虑学生的认知水平、年龄特征和软件的界面风格等，更要考虑学科内容和本节课的教学目标，许多教学软件只能应用在相关学科中。经过筛选选用的教学软件不仅符合学生的学习风格和学科特点，还能真正提高课堂教学的效果。

2. 要注意将软件应用和教师讲解相结合

课堂教学的目的在于提高学生的学习效果，教学软件只是教学辅助手段，如果过分关注软件的操作而忽略了教师的引导作用，整个课堂的教学效果就会大打折扣。因此，在利用教学软件教学时要注意和讲解相结合，充分发挥教师的主导作用，通过师生交互、人机交互，充分调动学生积极参与教学。

[案例片段解析]

运用音频资料听读《狼》一文。

听读训练实施过程：

1. 教师范读课文，要求读出层次，学生听读、学读。

2. 听对课文第四段的配乐朗读，学生跟读。

3. 听教师对第五段内容不同语气的朗读，学生竞读。

4. 听（两遍）课文分析的录音，学生做听音笔记：蒲松龄通过对两只恶狼一系列动作的描写，着力揭露了狼的凶残而虚弱、狡诈而愚蠢的特点。作者的高妙之处在于，凡写狼的动作、神情之处，无不表现狼的本性。请看："缀行甚远"——表现狼贪婪的企图；"后狼止而前狼又至""并驱如故"——表现狼的配合作战和虚张声势；"狼不敢前，眈眈相向"——狼胆怯，并伺机而动；"径去""犬坐"——狼在变换手法，制造危机；"目似瞑，意暇甚"——伪装轻松善良；"洞其中"——表现狼在迂回包抄，准备前后夹攻。值得强调的是，作者完全没有写狼对屠户进行正面进攻，在作者看来，阴险狡诈比穷凶极恶更可怕，更可恨，因此他极力写狼的狡诈。狼越是狡诈，屠户的胜利就越有

意义。

　　5. 学生以"《狼》中之'狼'"为题发表看法。

　　【设计意图】通过听读训练，听不同方式的朗读，听记有关的资料。

[案例片段解析]

　　教学三年级下册《At the zoo》，播放一小段视频，呈现一些动物园的小动物：

　　1. T：Look at that giraffe. It's...

　　Ss：It's tall.

　　T：Yes, it's so tall.

　　Ss talk about pictures like this：

　　Look at that... It's...

　　2. Show a picture of a monkey.

　　T：Look at the monkey. Is it fat？

　　Ss：No.

　　T（做动作）：It's thin.

　　Teach the word thin.

　　3. Listen and repeat.

　　通过听音跟读，正音并及时得到巩固；通过小组合作，让每个学生都能正确运用句型。

　　4. Group work：Talk about other animals in this picture with Look at that... It's...

　　【设计意图】通过微视频呈现有趣的动画，能吸引学生的注意力，形象生动的图片能让学生体会到单词的意义，通过课件对比、归类学习词汇，有利于让学生记忆得更牢固。

　　提示：微视频必须与文科教学目标、教学内容相一致，遵循文科的教学规律才能辅助学生更有效地学习。

 小组讨论

　　1. 在学习小组内讨论，在教学过程中如何使用学科教学工具才能更好地提高教学效果。

2．以小组为单位谈一谈如何才能最大限度地发挥数字教育资源在课堂教学中的作用。

3．如果多媒体课件中的视频无法正常播放，面对这种因技术故障引发的意外状况，你会如何应对？

 实践活动

1．利用文科教学资源，为九年级上册语文《我的叔叔于勒》的讲授环节制作多媒体课件。

2．利用所学教学资源与软件，设计英语七年级上册《Unit 6 Do you like bananas?》一课的讲授环节。

专题三

技术支持的学生技能训练与指导

在本专题的学习中，您要努力达到如下目标：

1. 教师能够从多种途径获得数字化资源，并能按需合理选用，使用合理的技术工具加工、整合、开发数字化资源，在不同的设备和软件工具之间流畅地转换和衔接，具有信息道德与信息安全意识，并能以身示范。（《标准》C6、C7、C8、C9）

2. 依据课程标准、学习目标和技术条件，选择适当的课堂教学方式并确定有利于运用信息技术提升教学质量的切入点，根据学生群体、技术条件与教学内容的特征选择适合的软件、工具和平台，选择、改编或开发有助于突破教学重、难点的数字化资源。（《标准》C10、C11、C12）

3. 利用技术手段创设启发式学习情境，促进学生互动、探究、深入思考，确保相关设备、资源与工具在课堂教学环境中的正常使用。（《标准》C13、C14）

4. 吸引并保持学生在应用信息技术时的兴趣与注意力。（《标准》C16）

学生技能训练与指导　数字教学资源　学科教学工具

```
                        ┌─ 技术支持对培养学生技能的作用 ─┬─ 学生对文科科目技能训练的认识
                        │                              ├─ 运用数字资源支持文科教学中的语言训练
技能支持的学生           │                              └─ 运用数字资源支持学生的朗读训练
技能训练与指导 ─────────┤
                        │                              ┌─ PowerPoint课件在技能训练课程中的使用策略
                        └─ 技术支持对培养学生文科技能的策略 ─┼─ 音、视频的使用策略
                                                       ├─ 微视频的使用策略
                                                       ├─ 电子白板的使用策略
                                                       └─ 教育游戏的使用策略
```

我国自改革开放以来，现代化建设日新月异，需要掌握的知识越来越多，真正进入

"知识大爆炸"时代。然而在实际的教学过程中，技能训练课依然是"教教材"，属于教师演示性实验、表演性质的讲解，照本宣科，导致目标意识不清，缺少师生互动、学生参与的过程。

 **活动一 技术支持对培养学生技能的作用**

 理论导学

数字教育资源在文科技能训练中的作用如下：

一、学生对文科科目技能训练的认识

文科学习技能包括文科知识、语言积累、文科能力、文科学习方法和习惯，以及思维能力、人文素养等。接受义务教育的每一个学生在文科技能方面的基本要求有：

（一）必要的文科知识

离开学科知识的能力是不可想象的，轻易否认文科知识对文科学习的指导和促进作用，容易使文科教学走向非理性主义的误区。文科学习必定涉及语言知识学习，知识是一定要教的，但教什么知识、如何教需要我们认真研究。

（二）丰富的语言积累

文科学习的主要内容是具体的范文，所以文科教学必须让学生占有一定量的感性语言材料，在积累量的基础上产生质的飞跃。掌握 3 500 个左右常用字和汉语常用书面词汇、背诵一定量的语段和优秀的诗文，以及阅读一定量的课外书籍，是形成文科素养的基础。

（三）熟练的语言技能

文科教学必须在大量的语言实践过程中，培养学生查字典、朗读、默读、说话、听话、作文、写字等基本技能；让学生学会运用多种阅读方法和常见的语言表达方式，能掌握常用的思维方式，善于把自己独特的思维结果用规范的语言进行加工和表述，初步具备收集和处理信息的能力；能根据不同语言材料和不同交际场合适当地使用语言，最终形成良好的语感。

（四）良好的学习习惯

文科教学必须牢记叶圣陶先生的名言"教是为了不需要教"。教学中要让学生掌握最基本的文科学习方法，培养学好文科知识的自信心，养成良好的学习习惯。如，勤查工具书的习惯、不动笔墨不读书的习惯、认真听讲的习惯、书写整洁的习惯等。

（五）深厚的文化素养

文科教学要让学生受到高尚情操和趣味的熏陶，提高学生的文化品位和审美情趣，养成实事求是、崇尚真理的科学态度，欣赏汉字的形象美，培养热爱祖国语言文字的情感，领略中华文化的博大精深，汲取民族的文化智慧，尊重多元文化，吸收人类优秀文

化的营养。

（六）高雅的言谈举止

文科教学要注重培养学生的儒雅气质和文明举止。通过教学，让学生与人交往态度大方，谈吐文雅，能根据不同场合选择合适的措辞；敢于提出自己的想法，也能耐心倾听他人意见，尊重他人的观点；勇于承认自己的不足，欣赏他人的优点和长处，学会文明地和他人沟通与交际。

文科技能训练的内涵是非常丰富的。它绝不是一种纯粹的语言技能，而是一种综合的文明素养，是个体融入社会、自我发展不可或缺的基本修养。文科素养概念的提出，使文科教学在弘扬科学理性精神，注重语言的准确、简明、实用，满足国家现代化生产的基本要求，以及防止把人工具化，注重创新思维的培养、人文精神的熏陶、完美人格的塑造等方面中寻求一种平衡。

二、运用数字资源支持文科教学中的语言训练

工具性与人文性的统一，是语言表达类学科的基本特点。语言表达类教学的四个主要方面是听说读写。就其在语言表达类教学中的作用来说，这四点之间是有严格的区别的。它们之间是相互独立、不能互相替代的，但是又有着密切的联系，是相辅相成、不可分割的。处理好四者之间的关系，对学生语言表达类的全面发展是很有益的。

使用数字化资源手段辅助教学，可以增强教学的直观性，色彩鲜艳的多媒体幻灯片和内容丰富的影视资料，不仅能够引起学生的兴趣和注意，使他们专注地学习，还为他们提供语言情境，通过视听就能达到理解语言内容的目的。如在上《爱莲说》一课时，教师可以利用课间播放音视频，让学生反复跟读和诵读。形象、生动、有趣的画面和优美的音乐配音，把学生带入意境中，使学生在轻松愉快的气氛中学习。画面上的动作和语言使学生对课文有初步了解，让学生不仅理解得快，上口也很快。教师提出问题让学生回答，能够很好地突出听说训练。这样把视觉和听觉感受结合起来，把语言和形象结合起来，使学生听其音、观其形、明其意，语言和形象两者同时作用于大脑，使逻辑思维和形象思维互相作用，从而充分发挥了学生的整个身心系统的机能，提高了学习效率。

根据所要学习的内容选择恰当的影视片段，让学生参与课堂表演。如在上《皇帝的新装》一课时，创设情景让学生分角色表演。随着学生神情、动作的再现，既加深了学生对课文的理解，又锻炼了语言表达的能力。学生在情境中深入角色，自觉主动地实践，促使多种感官参加活动，尝到了成功的甜头，积极性自然提高，他们的语言能力在交际过程中得到了提高。

三、运用数字资源支持学生的朗读训练

各个学段的阅读教学都要重视朗读，我国自古就有"书读百遍，其义自现"的说法。由此可见，朗读在文科教学中具有举足轻重的作用。因此，在阅读教学中，优化朗读训练就显得格外重要。在教学中优化朗读训练要做到：

（一）再现情景，把握基调

任何一篇作品都有不同的感情基调，或庄或谐，或喜或悲，准确地把握它，是有感情地朗读课文的基础。但每篇课文都有特定的时代背景，所描绘的情景也不一定都是学生熟悉的，有的甚至远离现代生活，使学生很难理解。因此，教学中再现有关的情景就可以引导学生多角度地展开想象或联想，获得对课文的整体感知，从而把握朗读基调。

（二）化静为动，培养语感

朗读是文科课堂教学中的重点。特级教师于永正说："文科教学要以学生为主，让学生充分地读，语言在读中积累。"由此可见，读对领悟文章、增强语感、增加语言文字的积累、培养学生形象思维能力方面有着任何活动不可代替的作用。然而，在传统的朗读教学中，学生的朗读只停留在表层上，没有进行更深一层的探索。因此，我们可以利用多媒体把文字转化为一幅幅画面和一个个音符，利用这些感性的信息让学生有所体验，培养学生的语感，促使学生朗读能力的形成。

如在教学《二泉映月》的第四、五小节时，教师先出示"月光似水，静影沉璧"的画面。当学生沉浸在"水波映月"的优美境界中时，教师轻点鼠标，让"二泉映月"的乐曲轻轻地、缓缓地在教室里回荡，把书上对阿炳创作"二泉映月"的描写用动画的形式展现出来，再让学生在这优美的意境中朗读，学生感情充沛，仿佛置身其中，非常投入，从而培养了他们的语感。

（三）创设语境，激发情感

"作者胸有境，入境始与亲"。学生在朗读课文、深入体验的过程中，往往会有一种情感的涌动。为使学生的情感与作者的情感产生共鸣，我们可以通过多媒体手段点拨渲染，再现特定氛围，激起学生的真情流露，这样，学生在朗读时自然有所感悟、有声有色了。

如教学《山行》这首诗时，可在学生理解诗句的基础上进行"诗画欣赏"。这时大屏幕上出现了一幅美丽的图画，教师先让学生听配乐诗朗诵，伴着舒缓的弦乐，学生静静地坐在那里，眼中看到的是意境深远的写意画，耳中听到的是曲调婉转的古筝曲和充满激情的朗诵。此时，诗、书、画、曲多种美的因素融为一体，既使学生们的心灵受到了强大的感染与震撼，也使他们产生了一种要努力读好古诗的强烈愿望。有了读好古诗的强烈愿望，学生们在练习时都特别认真，一个同学读完了，其他同学真诚地提出自己的意见，然后主动把自己对诗句的理解用朗读表达给大家听。学生们积极地、主动地揣摩、品味诗句。这时，教师悄悄地点击电脑，教室中再次响起舒缓的古筝曲，惊奇的是学生随着音乐的节奏动情地朗诵。琅琅的书声、悠扬的乐声交融在一起，是那样的和谐、动听。学生在朗诵中感受到了中华传统文化的美，朗读水平也得到了很大的提高。

（四）充分感知，读中感悟

每节课的教学都有重点或难点，而且难点往往是关键性的知识，也是学生学习的障碍。如果难点不突破，不仅不能达到理解、掌握知识的目标，还会降低学习热情。然而，有些课文涉及的知识是比较专业和复杂的，以学生现有的知识水平和生活经验来理解是较为困难的，即使反复诵读也难以一时领会、有所感悟。如《金蝉脱壳》一课讲的是蝉儿脱壳的过程。而学生大多生活在城市，有的甚至连蝉儿都没有见过，更别说是脱壳的过程了，因此，虽然学生把课文读了好几遍，对金蝉脱壳的过程还是一知半解的。

这时如果巧妙地运用多媒体技术手段，在教学的过程中播放一段金蝉脱壳的视频，让学生感知蝉儿脱壳的过程，然后引导学生反复地朗读，学生就会豁然领悟。在朗读的过程中不仅增强了感知，也激发了想象。由此可见，多媒体技术突破了语言训练的难点，实现了读中感悟。

数字化资源以声、色、乐的优势将教材内容直观形象、生动具体地展现在学生面前，使学生眼见其形，耳闻其声，受到美的熏陶。在朗读教学中运用数字化资源，一定会使学生的朗读更深入，更入情，也会让学生更能体会朗读的魅力，从而迅速提高朗读的水平。

[**案例片段解析**]

在技能训练中，要求学生使用电子工具书查阅《黔之驴》一文中的实词与虚词。

1. 好事者：
2. 船载以入：
3. 以为神：
4. 慭慭然：
5. 蔽林间窥之：
6. 远遁：
7. 蹄：
8. 益：
9. 习：
10. 去：
11. 胜：

学生在教师的引导下逐渐学会使用电子工具书对课文中出现的实词与虚词进行查阅、理解。理解实词与虚词的概念，在文章中能准确地找出实词与虚词，借助工具能正确地翻译并运用。

【设计意图】通过教师的引导，学生能运用工具书查阅文言文中出现的实词与虚词。

提示：教师正确指导学生运用合理的电子工具对文章加以理解，引导学生自主探究。

[**案例片段解析**]

在讲小学英语四年级下册《At the farm》一课时，利用 PPT 设计单词训练环节：
区分 or 在不同辅音字母后的不同发音，利用 PPT 展示的单词卡片进行准确拼读。

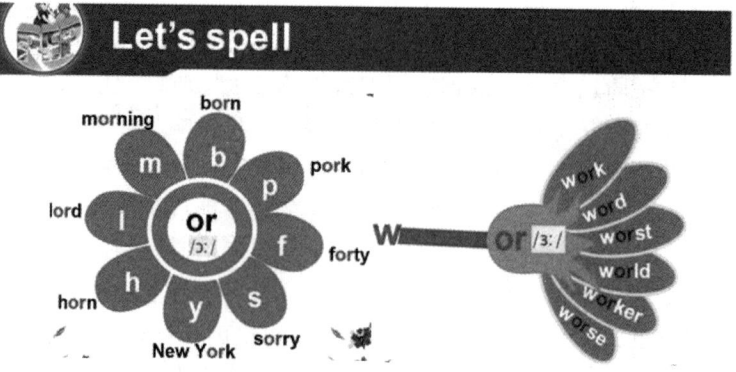

or 组合，在辅音字母 W 后面经常发 /ɜ:/
在其他辅音字母后面一般发 /ɔ:/

【设计意图】通过与教师互动，让学生准确地对 or 及不同的辅音字母组合进行听、说、读、写的训练。利用 PPT 展示图片，让学生清晰、明了地掌握知识的性质，易于知识的积累与记忆。

提示：图片有益于学生对知识的记忆，图片在人脑中的记忆时间比声音、文字的存留时间长。

小组讨论

小组合作探究、讨论数字化教学资源如何提高学生的技能。

实践活动

设计《爱莲说》的生字词的训练环节，提高学生对生字词的认知。

活动二 技术支持对培养学生文科技能的策略

理论导学

任何一种教学模式都有其特定的优势和局限。多媒体人机交互式教学，使教学过程更加生动、直观、有趣，便于学生理解和记忆，提高了学习兴趣和学习效率。不同的网络教学资源需使用不同的策略和方法。数字教育资源在文科技能训练中的使用策略如下：

一、PowerPoint 课件在技能训练课程中的使用策略

（一）PowerPoint 课件扩大课堂容量

PowerPoint 使教师能简便快捷地给学生补充一些辅助性教学内容。如：讲苏洵的《六国论》时，可把苏辙的《六国论》做成课件在课堂上比较学习；讲诗歌单元，可将徐志摩的《再别康桥》、臧克家的《老马》、余光中的《乡愁》等不同风格的诗作补充到教学中，以增强学生对新诗的鉴赏能力。有一名学生仿《老马》写了一首感叹课业负担过重的《小马》，教师立即将其制成课件，带到课堂上，供全班同学赏析。像这类材料，以往多靠刻印或打印，费时、费力、费物。现在则只需把 U 盘插入电脑，打开即可，不仅方便省时，而且给学生的印象要鲜明得多、深刻得多。

运用 PowerPoint 备课和讲课不能缺少其他音像资料及实物教具。如讲《琐忆》时，可通过展示鲁迅先生与青年作家亲切交谈的照片来导入新课，使学生与课文中描写的鲁迅"神会"。著名特级教师于漪说过："课的第一锤要敲在学生的心灵上，激起学生思想的浪花；或者像磁石一样，把学生牢牢地吸引住。"再如讲一些感情色彩较浓郁的篇目，可播放相关的音乐以渲染气氛，创设情境。讲《雷雨》、《茶馆》、《阿Q正传》等，可找来同名的 VCD 故事片，在课堂上播放片段，艺术家们出神入化的表演，使学生加深

了对文章、时代背景、人物的理解。

（二）合理演示PPT课件

在组织课堂活动的能力上，教师受制于课件和屏幕演示，缺乏灵活性，影响了教师教学水平的发挥，学生则完全被课件驱使，成为机器的奴隶，以至于丧失自主学习和独立思考的能力。由于课件的加入，有的教师只顾操作和演示课件，忽视了与学生的沟通和互动，大大降低了学生的学习热情，未能实施有效的教学策略与方法。

多媒体技术教学综合了图、文、声、像等现代技术，有利于对知识的获取，能够极大地提高学生的学习兴趣和学习热情，但多媒体教学毕竟不是纯粹的娱乐，教师在教学过程中应遵循一定的教学指导思想和教学原则。多媒体技术作为一种教学手段，归根到底是为教师的教和学生的学服务的，为此，多媒体技术的应用应与相应的教学活动有机结合起来，否则再华丽的课件也不会带来好的教学效果。

二、音、视频的使用策略

在以往的教学中，由于各种条件的限制，教师大多是以文字和少许图片的方式传授知识，不能把文章中蕴含的信息直观、生动地展现给学生，致使许多学生对课程的学习兴趣不高。针对这一现状，利用多媒体视频的优势，用丰富的声音、运动的图像以及多彩的文字激发学生的好奇心和求知欲，将有助于学生对专业知识的理解和掌握。使用音视频教学时应注意：

（一）生动课堂，提高效率

声音影像表现直观、生动，易于引起学生兴趣，能有效吸引学生的注意力。视频资料中呈现的信息量更加丰富，由声音和图像叠加的动态系统，与其他教学手段相比，在相同的时间内可以让学生获得更多的信息。教师平时多收集各种可能用到的教学资源，使课堂生动起来，调动学生的积极性，自己也有上课的激情。

（二）重复的重要性

视频教学应加强师生互动。在进行视频教学的过程中，要穿插一些启发式教学和互动式教学方式。如根据视频内容的进展不时停顿下来，对一些知识进行回顾、对一些重点加以强调、对一些疑问进行解释、对一些问题进行提问，这样才能在充分利用视频教学固有优势的基础上，既不会让学生在上课时走神，又可以启迪学生的思路，加深学生对知识的理解，使课堂教学发挥出更好的效果。

（三）适宜的视频长度

视频内容占授课内容的比例以10％～15％为宜。视频内容一般不宜超过5分钟，对于过长的视频在备课时应进行适当剪辑。音视频教学不能取代教师的主导作用，在课堂上，教师应占的主导地位。视频教学表面上看是"形象"，但还是要落实到理论知识，由于理论有相当的抽象性和严密的逻辑性，可用形象化的视频来表述，但如果过多地追求利用视频，一个章节中每个知识点都用视频，就会使授课变为视频短片的串联，教师是轻松了，但失去了授课的本意，会削弱课程本身的思想和理论魅力。

如上《为了六十一个阶级弟兄》一课，利用课件插入一幅"救护车"，再配上"飞驰"的声音，比起过去的一支粉笔一张嘴的确直观、生动得多。但令人遗憾的是，学生们很容易被这些"小把戏"吸引，从而分散了对授课内容的注意，以致喧宾夺主。"质胜文则野，文胜质则史。"现实迫使教师在制作课件时走向教学意识的回归，该用插图、声音的宜少而精，可用可不用的则坚决不用。从教育传播学的角度看，图像符号在传播教学信息上有一定的局限性，文字和语言的作用更应重视。PowerPoint 绝不仅仅是为了好看、直观、生动，更重要的是，它可以加大课堂容量，增加知识密度，节省板书时间，使授课环节更紧凑，从而大大提高教学效率。

三、微视频的使用策略

随着网络的发展，微视频的发展也逐渐进入教室。微视频是视频的一种，因其有更微小、更适合教学的特点，所以单独讲述，但是使用时要遵守以上多媒体视频的策略。此外，还要注意：

（一）利用微视频的知识针对性

微视频的最大特点就是"短、快、精"，学习内容是微小的学习模块，针对性强。每个微视频也是相对独立的知识点或教学环节，并且配有醒目、简洁的文字标题，学生可以根据学习进度随时提取和观看视频，有效地学习相关技能知识的重点和难点。有了这些操作演示的微视频讲解，学生可以把所学知识应用到生活中。甚至一些学生也有了自己制作并分享不同操作演示步骤的微视频的想法，最终促成微视频学习资源库的建立，实现资源共享。这些易获取与易共享的特性非常适应现代移动学习短、平、快的特点。

（二）充分利用微视频的视、听、说资源

微视频教学资源集图形、文字等视听觉信息功能为一体，能调动学生的多种感官，通过鲜明的视听形象和课文字幕的同时呈现，能有效刺激学生的大脑，发挥大脑接触、判断、存储、想象的作用，提高课堂教学效率。尤其是让学生给动画、图形等微视频资源"配音"，充分调动了学生的视觉冲击，易于被学生接受和掌握新的语言材料与学习内容。微视频教学资源将情景性的场面形象、生动地呈现给学生，既可使课堂形象化、趣味化、交际化，也可淡化课堂意识，使学生处于听、说交际的舞台。

在语言教学四项技能中，"听"是基础，是交际的关键。运用微视频教学资源，学生在观看专为教学设计的情景教学时，既能反复听、看、学，又可以接受标准的读音训练，从而使学生的听力水平得到很大的提升。同时，微视频因其时间短，在一定程度上避免了学生沉浸于视频的情节里，而是更多地侧重语音、语调的规范学习和听力技能的训练。

（三）适时地使用各种微视频

微视频的呈现时间要因具体的课型和微视频的类型而定，演示型的微视频一般多用于导入课、文化课的呈现、口语课的示范以及听力训练时的听写结合练习。课前微视频教学资源的导入可以图、文、声并茂，内容可以是目的明确、针对性强的感性材料，甚至是形象生动的画面和悦耳动听的音乐。而交互型的微视频，其是活动课、思维训练和写作训练的最好选择。课中呈现可巩固教学重难点，增大课堂教学的密度和广度，有利于将抽象的知识教学形象化。反复地让学生操练新授内容，因其短小精悍，给学生留有更大的思考空间。课后呈现可复习、巩固和积累的教学内容，微视频教学资源的练习可减轻学生的课后作业负担，提高课堂教学效率。在课堂的交互与生成中，学生的写作水平得到更好的发展。

如在上《鲁提辖拳打镇关西》一课时，将电视剧《水浒》中相关片段剪裁成三个小节，尤其以"三拳"为重，分时段播放，再将主题曲《好汉歌》适时插入，将学生带入到北宋时代。英雄的勇武镜头让学生血脉贲张，很快进入情景之中，对感受人物形象起到很好的作用。

四、电子白板的使用策略

交互式电子白板比一般多媒体课堂更轻松，更有趣，更活跃。多媒体课件教学比较呆板，教师设计好后不能在屏幕上标注和随意书写，而交互式电子白板可以做到随写随画。这不仅为教师提供了更简单、方便的操作和教学体验，也为学生呈现了清晰、良好、动态的视觉感受，同时也给课堂教学带来了更多的变化和活力。使用电子白板时需要注意：

（一）提高教师对电子白板的"控制"能力

大部分教师还没有掌握交互式白板环境下的教学设计方法，在教学设计时教师应该对教学的实施进行预设，制作的课件应该灵活可变，为课堂上的随机事件做准备。交互式电子白板的操作界面都是图形界面，操作简单，只要进行简单的培训，教师就能很好地使用这个平台，不会增加额外的负担。交互式电子白板生成的课件有较大的灵活性。电子白板系统中还有拍照功能、探照灯功能、幕布、放大镜、拖拽功能等教学辅助功能，对教学具有很大的帮助。

如在《苏州园林》一文的教学中，教师可以事先到本地园林去拍摄一些照片加以细致分类，然后与苏州园林的图片相对比，借此说明苏州园林与本地园林的不同，能很好地帮助学生理解苏州园林的特点，或者寻找相同点借此说明苏州园林对各地园林的影响。

（二）注意学生的差异性

新的技能训练教学方式发生了变化，给部分学生带来了适应的难题。交互式电子白板辅助教学过程中，学生需要面对更为复杂的、真实的技能训练情境，与过去的学习相比，承担了更多的技能学习任务，如自我管理、管理别人、协作学习、交流，总结与展示等，但学生是存在个体差异的，所以在实际的课堂学习过程中，每名学生的学习状态表现不同，能够真正达到技能训练的目标也不尽相同，尤其是对学习自觉性不高、学习能力不足的学生，要真正实现师生合作、生生合作比较困难，相反会使得他们手忙脚乱、无所适从。所以，教师在采用交互式电子白板辅助技能教学的同时，要为学生提供必要的指导和帮助。对于提供何种指导、进行何种形式的帮助需要教师把握好尺度，并在教学中实行分层教学，尽量减少由于多媒体的使用给学生技能的获得带来不利影响。如在讲

"apple"的发音

"apple"一词的发音时，教师采用电子白板技术，具有发音、拼写、音标等功能。

又如在《范进中举》一文的教学中，学生看完影片即设计问题"你印象最深刻的是哪一句话"，引出"噫，好了，我中了"这个核心句后，解释"噫"表达了复杂的情感，在此基础上顺势提出"范进中举前的处境如何"。教师设计的问题绝不能显得突兀，前后缺少联系。因为交互式电子白板呈现的一切信息都会汇集起来构成一个个蓄势待发的"场"，教师要善于抓住学生在那一瞬间产生的期待心理，巧妙地掌握提出问题的时机。

（三）培养学生的独立性

技能训练课程中，教师要把课堂交给学生，通过教师的引导使学生主动思考、积极参与、努力探究，这样课堂教学才会达到较好的效果。要让学生成为学习的主人，教师操作交互白板再熟练，若学生不会操作，交互白板的交互性也无法体现，导致教学中交互白板形同虚设。所以，交互式电子白板要充分发挥其交互性，要求学生必须会操作，起码掌握基本的操作，充分发挥交互白板的交互性，让学生参与到教学活动中，体验学习的快乐，锻炼学生的动手能力，更主要的是通过学生自己操作来完成任务，可以激发学生的学习兴趣，增强学生与教学内容之间的互动，这样就能达到更好的教学效果，同时也自然而然地提高了他们的自主能力、动手能力、逻辑思维能力等。

（四）善用电子白板的自身功能

电子白板进入了教室，但教师一般把交互式电子白板当作展示课件的工具，很多高级技术功能还是不熟悉怎么应用，如基于交互式电子白板的学习过程实时记录与分析系统、可视化与及时回馈系统等，这不仅影响了交互式电子白板在教学中的应用，也影响了学生的学习效率，这是造成交互性不能很好地在课堂教学中充分发挥功效的原因。电子白板中有自带的资源，在课堂上可以生成资源，电子白板具有保存功能，对教师在课堂上的操作进行记录，然后保存在资源库中，在总结复习的时候，教师可以利用生成的资源复习，回顾以前学过的知识，课下，学生可以利用生成的资源复习，提高学习效率。应用电子白板的批注、拖拽功能有助于促进课堂的互动，应用电子白板的演示情境有助于学生将抽象问题具体化。

五、教育游戏的使用策略

近些年，教育游戏逐渐进入课堂，成为技能训练课程中有利的臂膀，例如，一些操作技能类的学习活动、一些强调角色扮演类的探究性学习活动吸引了学生的注意，更好地完成了教学任务。教育游戏说到底也是游戏，在课堂中使用应注意以下几点：

（一）教师对课堂的驾驭能力

虽然现在教师的信息化程度都比较高，对于文件的播放和游戏原则的理解都不难，但关键的问题是不易控制课堂气氛，原因是学生长时间在传统的课堂模式下学习，而教育游戏的教学外部环境则在电脑机房中，再加上有相当一部分学生迫不及待地想去接触电脑玩游戏，进而没有认真听教师所讲的游戏原则和注意事项，容易导致游戏的中断。这就对教师提出了更高的要求，在教学过程中要确保对学生的及时监督和引导。

（二）要注意正确定位教师的角色

在教育游戏的教学应用中，教师的角色是多重的，可以作为教学的指导者，帮助学生学习，成为学习活动的答疑解惑人，也可以是游戏环境的管理者。游戏环境就是学习环境，环境的管理不仅出于游戏的需要，还是出于教学的需要，也可以是活动的裁判者，从游戏规则制定到游戏过程监控再到结果评价，都是要教师参与的事情。教师还可作为学习者参与学习活动，特别是在在线教育游戏中，教师跟学生一样也作为虚拟的学习者参与到游戏中。

（三）要有明确的技能训练目的

在教学中提倡采取游戏化教学，其目的在于更好、更有效地完成教学任务。如果在课堂上为了活跃课堂气氛，盲目的地进行游戏教学，结果只能是徒劳的，于事无补。在进行游戏教学时，要将游戏目的与技能训练教学内容有机地结合起来，使游戏的每一步都围绕教学内容与教学目的展开，要科学地使用教育游戏，要具有较强的针对性，要根据教学内容的特点选择教育游戏，有些教学内容并不适合游戏化教学，因此不要勉强为之。有些内容适合游戏化教学就可以选择恰当的教育游戏。总之，要将游戏元素放在适合游戏表现的地方。例如：

游戏1："大家来找茬"

游戏目的：考查学生改正错别字的能力

游戏规则：将学生平均分为若干组，教师出一组错别字题目，每组由第一名学生选择和改错，完成一题后交由下一名学生继续，全组完毕后游戏结束。正确一题得一分，不对或不答不得分，最先完成的小组加一分，比赛结果记总分。

示例1：

面黄饥瘦	陈词烂调	夜暮降临	异曲同工	汗流夹背	人才辈出
以逸代劳	千锤百练	委屈求全	水乳交融	黄梁美梦	过渡时期
一脉相承	整齐画一	如坠烟海	有地放矢	明火执仗	逢场做戏
杯盘狼籍	多多益善	青春常在	出其不意	承前起后	以此类推
山青水秀	青山绿水	制造假象	巾国英雄	上吐下泄	食不果腹
大材小用	不落巢臼	事必躬亲	信心实足	礼尚往来	

游戏2："超级模仿秀"

游戏目的：考查学生对课文中人物性格的分析和理解

游戏规则：将学生平均分为若干组，每组自行选出一篇课文中的人物，对其进行模仿，另外几组的学生通过对模仿表演的观察，抢答出被模仿的角色，回答正确的表演小组加两分，回答小组加一分，比赛结果计总分。

示例：阿Q　祥林嫂　柳毅　豆腐西施　闰土

[案例片段解析]

利用电子白板对莫泊桑《我的叔叔于勒》一课进行合作探究，白板展示。

在合作学习的过程中，将学生分为若干小组，在每个小组内可让学生自主选择不同的角色来扮演（如小组长、发言人、记录员），使小组成员分工合作，提高合作学习的效率。各小组的白板展示交流过程中，教师可以使用电子白板功能对各小组的结果进行即时的修改与评价，对于合作成果不够全面的地方，可随时调用白板资源库中的素材进行补充说明，帮助学生更好地理解。

【设计意图】通过交互式电子白板的使用及小组合作学习能激发学生的学习兴趣，明确学习目标。

提示：在教学过程中，教师可以尝试使用交互式电子白板并对学生进行分组，对其结果给予评价，增强小组学习的自主探究能力。

小组讨论

1. 小组合作进行探究和讨论并搜集教育游戏，并按照适宜不同学科的原则将其分类。

2. 访问下面的网站，进一步了解电子白板的相关知识。

http://baike.baidu.com/view/200067.htm? fr＝aladdin

实践活动

1. 设计《范进中举》教学课件，要求使用 PPT 课件介绍《儒林外史》及其作者，授课时导入影片为 RM 格式，其余资源为文档和图片。

2. 使用电子白板设计小学英语《At the zoo》一文的讲授环节。

专题四

技术支持的总结与复习

学 习 目 标

在本专题的学习中，您要努力达到如下目标：

1. 根据学生群体、技术条件与教学内容的特征选择适合的软件、工具和平台，并且能在不同的设备和软件工具之间流畅地转换和衔接。（《标准》C8、C11、C14）

2. 依据课程标准、学习目标和技术条件，选择适当的课堂教学方式及合理的技术工具加工、整合、开发数字化资源。（《标准》C7、C10）

3. 选择、改编或开发有助于突破教学重、难点的数字化资源。（《标准》C12）

4. 利用技术手段创设启发式学习情境，促进学生互动、探究与深入思考。（《标准》C13）

关 键 术 语

总结与复习　数字教育资源　学科教育工具　概念图

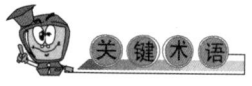

内 容 导 图

```
                              ┌─ 了解总结与复习的概念及作用 ─┬─ 总结与复习的含义
技术支持的                    │                              └─ 总结与复习的作用与地位
总结与复习 ───────────────────┤
                              └─ 技术支持的总结与复习的作 ─┬─ 数字教育资源和学科教学工具在文科教学总结与复习中的作用
                                 用及策略                   └─ 数字教育资源和学科教学工具在文科教学总结与复习中的应用策略
```

情 境 导 入

总结与复习环节是整节课的点睛之笔，但很多教师用较短的时间结束此环节，学生的注意力也下降到最低。教师如何提高整体课堂教学效果，充分发挥教育技术在课堂总结与复习环节中的作用，既能引导学生回顾本节课的中心内容，又能增强学习的兴趣，进一步激起学生探索求知的欲望呢？本专题将带领您寻找答案，帮助您提高总结与复习环节的效果。

活动一 了解总结与复习的概念及作用

理论导学

一、总结与复习的含义

总结与复习是教学过程中帮助学生巩固与强化知识的重要环节。通过本专题课程的学习，教师能够更好地利用数字化资源与教学工具进行总结与复习。

课堂总结是对一节课知识的归纳总结运用。课堂总结不是对教材的简单重复，而是在教材的基础上，经过精心提炼和科学概括的再创造，是学生形成"立足教材知识"、"超越教材认识"的主要途径，是在完成某项教学任务的终了阶段，教师富有艺术性地对所学知识和技能进行归纳总结和转化升华的行为方式。课堂复习是把学过的知识再次学习，加以巩固和强化的过程。复习是一种重复，目的是为了巩固学习过的知识，强化和巩固记忆痕迹、防止遗忘的主要途径。课堂复习是使人们获得知识、技能的必不可少的手段。复习可以在课堂上进行，也可以通过学生的课外独立作业进行。

按照教学过程中各个阶段的不同要求，复习可以分为下列几种类型：

（1）学期学年开始的复习。目的在于重温过去学过的知识，给新学期、新学年开始的学习奠定良好基础。

（2）经常性复习。在日常教学的各个环节中，采取各种方式复习，使学生以已有的知识为基础，了解和接受新知识并巩固新知识。

（3）阶段复习。在学习完某一单元后的复习，目的是使学生把这一阶段学习的内容连贯起来，使知识得到系统、巩固、充实、提高。

（4）总复习。对学生的全部教材进行总结性复习，使学生对它们之间的内在联系达到系统的、牢固的掌握。总复习通常在学期或学年考试前进行。

复习是一种途径，目的在于强化和巩固记忆痕迹、防止遗忘；复习是一种手段，可使学习者获得知识、技能。不管是文科还是理科，按地点划分，复习可分为课堂复习和课后复习；按时间划分，复习可分为学期学年开始的复习、经常性复习、阶段复习和总复习。总的来说，课堂的总结与复习，是对知识进行归纳和巩固的过程。

二、总结与复习的作用与地位

（一）总结与复习在教学活动中的作用

课堂复习是学习过程中比较重要的一个环节，它不仅能使所学知识系统化，而且加强了对知识的理解、巩固与提高。课堂复习是为了解决各部分之间的联系问题，是一个综合性的学习过程。

1. 对知识的巩固，防止遗忘

复习在学生学习过程中起到了巩固知识、强化训练的作用，不仅是学生巩固掌握知识的手段之一，也能从中引出新的内容，便于新课的导入。人不具备长期的记忆力，所以复习的过程是强化知识的过程。德国心理学家艾宾浩斯（H. Ebbinghaus）研究，发现了人的记忆曲线。人在刚刚接受知识时的记忆量是100％，20分钟后记忆量减半，一天后记忆量为33.7％，而六天后记忆量仅为21.1％。所以，教师要在学生还没有大量遗忘的情况下，对学生习得的知识进行巩固和复习，这样便于学生对知识的掌握。

2. 查缺补漏，弥补不足

对知识进行梳理，及时发现所学内容的不足与欠缺之处，有利于教师有针对性地了解学生掌握知识的情况，督促学生发现遗漏与不足。

3. 梳理知识，形成完整的知识系统

复习是一个对知识系统承上启下的过程，将新旧知识联系起来，便于掌握新知识。

4. 培养学生的学习习惯

教师要引导学生进行有效的复习、记忆和操练，帮助学生加深和巩固对知识和技能的理解。复习的过程是培养学生良好学习习惯的过程，实现及时发现问题和及时解决问题的良好习惯。复习习惯一旦养成有利于调动学生的学习兴趣，提高学习的积极性。

课堂总结与复习不应该是课堂教学中可有可无的环节，而是教学环节中至关重要的一环、一节课的闪光点。总结与复习环节的关系既是独立的教学过程，又是相互联系的整体。总结既是对已学知识的梳理，又是对主要知识提炼的过程，而复习是对知识加强的过程。没有提炼出知识的梗概环节，复习环节也无法继续进行。在进行课堂总结时，教师可以根据不同的教学情况、不同的课型精心设计课堂总结，内容上不能仅局限于课堂本身，还要注意课内与课外的沟通联系，这样有助于激发学生探究的兴趣，引领学生自主探究。

（二）总结与复习在教学活动中的重要地位

总结与复习是对一堂课教学的全课总结，是一节课不可或缺的重要环节。这一环节在课堂教学中起到了举足轻重的作用。一堂完整的、有序的课堂，总结过程占据重要的地位。

教学总结与复习不仅能保持课堂教学的完整性，还有更多的价值。

1. 全课总结与复习不仅能引导学生回顾本节课的中心内容、总结收获，体验成功的喜悦，增强学习的兴趣，而且能把握住本节课的清晰主线、知识内容和所渗透的教学思想，为下一节课的学习打下坚实的基础。

2. 全课总结与复习能发现一些注意事项，为进一步的学习扫清障碍。

3. 全课总结与复习可以通过关注学生的情感和习惯，培养学生喜爱学习的情感，促进学生形成良好的学习习惯，消除学习中的不良情绪，让师生的情感交流贯穿教学的始终。

4. 通过精心设计一个新颖、有趣、耐人寻味的课堂结尾，不仅能巩固新知识、调节疲劳，保持学习兴趣，还能进一步激起学生探索求知的欲望，活跃思维，在愉快的气氛中把课堂教学推向新的高潮，不断巩固和提高教学效果。因此，总结的过程不仅是情感的提升，还是知识重构与连贯的过程。课堂总结时，可以由教师总结或学生自己总结，还可以由师生共同讨论归纳。

[**案例片段解析**]

运用概念图总结《苏州园林》的行文结构，帮助学生复习和记忆。

文章介绍了苏州园林的共同特点，再现了它的图画美，显示了设计者和工匠们的智慧和我国园林艺术的高超。说明苏州园林在我国园林艺术中的重要地位。作者从园林建筑设施的各个方面，说明了苏州园林图画美的总的特征，总括说明苏州园林的特色，具体说明苏州园林的特征。指出苏州园林的美不止以上说的这些，结束全文，引人回味。

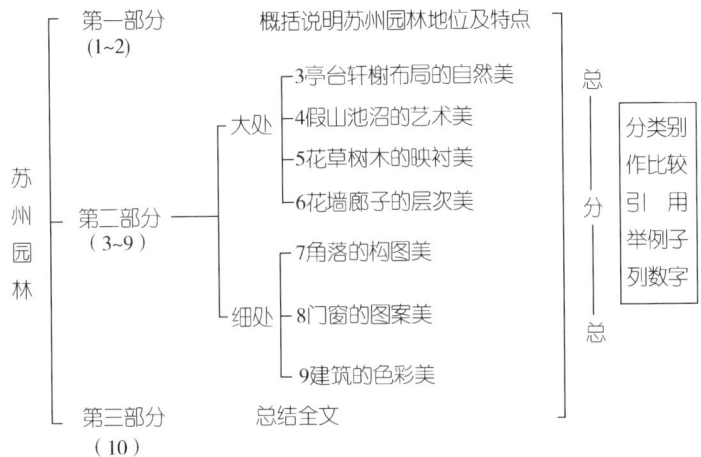

【设计意图】运用概念图能够清楚明了地将苏州园林的结构总结出来，便于学生识记。知识经过整理加工更有逻辑性和整体性。防止学生死记硬背，提高学生的学习兴趣。

提示：概念图把《苏州园林》的结构形成知识系统，有利于学生复习并理顺知识之间的联系。

小组讨论

1. 讨论怎样在总结与复习的过程中培养学生的自主性。

2. 教师应该如何设计总结与复习环节的教学内容，此环节应达到何种效果？

实践活动

1. 利用概念图设计《卢沟桥的狮子》全文结构。

2. 设计小学英语《It's raining》一课的总结与复习环节。

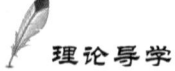

活动二 技术支持的总结与复习的作用及策略

理论导学

一、数字教育资源和学科教学工具在文科教学总结与复习中的作用

（一）数字教育资源、学科教学工具的多样性丰富总结与复习环节的教学内容，激发学生的学习兴趣

总结与复习一般是一节课中的最后环节，教学过程已经进行一大半，学生的大脑疲劳、注意力分散、思维迟钝、学习情绪降低。学习时，中间部分常常容易遗忘，开头和结尾部分较为容易记住。所以，总结与复习环节应该设置得更加精细、难忘。在单元和学期的总结与复习中，由于是总结复习已经学过的教学内容，学生很容易产生懒惰、注意力不集中的现象。传统的总结与复习环节只是教师带领学生口头总结回忆或者运用板书回顾，不能够很好地提起学生的学习兴趣，导致课堂气氛沉闷。而数字教育资源、学科教学工具中生动的画面和动画、特技效果、声音效果以及清晰的信息可以使总结与复习更加生动有趣，激发学生求知的欲望，理清学生的思路。

（二）数字教育资源、学科教学工具的超文本特性可以实现对教学信息最有效的组织与管理，提高总结与复习环节的效果

总结与复习环节是一节课中最后的环节，一般占5～10分钟，如何高效地帮助学生理清所学知识的层次结构，掌握其外在形式和内在联系，形成知识系列是传统教学很难做到的。在单元总结复习和学期总结复习中，信息庞大、知识点零散而复杂，要总结出清晰明了的结构框架，又要让学生容易接受和理解更是难上加难。数字教育资源、学科教学工具的超文本特性可实现对教学信息最有效的组织与管理，能够将多种形式的素材以多种形式巧妙、生动地结合在一起，使学生更容易接受和理解，提高总结与复习环节的效率。教学内容的每个单元均包含课文、练习、习题、测验、对测验的解答及相应的演示等，把这些教学内容相关而教学特征不同的教学资料有机地组织在一起，对总结与复习环节是大有好处的，利用超文本方式可以很自然、方便地实现这一点。但若按传统的线性、顺序方式把这些不同特征的教学内容组合在一起将成为杂乱无章、让人无法阅读的大杂烩。

可按学生的知识基础与水平把文科的知识分成不同的层次有机地组成整体。因材施教是优化教学过程的重要目标之一，但由于学生个体之间差异很大，要在传统的教材中同时满足基础较差学生、一般学生和优秀学生对教学内容的不同需求，这是做不到的，而利用数字教育资源、学科教学工具却是轻而易举的事。

如运用教学课件学习文科生字，在总结与复习环节可以将新授部分所学的生字进行分类整合，使之呈现在一个课件上，变成"青蛙跳伞"、"走迷宫"的游戏为学生进行总结与复习。（青蛙跳伞游戏规则：学生认读一个字青蛙跳一下，最后跳到对岸为成功。）

　　（三）数字教育资源、学科教学工具的丰富性和可重复利用性能减轻教师的工作量

　　每一节课的每一个环节都要求教师既要做到内容合理，又要形式多样，这就要求教师花大量的时间和心思去备课，准备教学设计和教学工具，教师的工作量非常大，但在网络共享时代，互联网上有丰富、优秀的数字教育资源和学科教学工具。教师的工作不再是自己挖空心思地去做每一个教学环节，而只要根据教学目标和在学生特征分析的基础上制作教学设计，按照自己的教学设计在庞大的数据中选择适合的数字教育资源和学科教学工具。在总结与复习环节，教师可以在丰富的数字教育资源中找到需要的资源并将其进行整合、编排，而不用从零做起，把文字、图片、音频等搜索、编排、整合。这就大大减轻了教师的负担，且资源具有可重复利用性，在总结与复习环节教师可以将新授环节的资源进行编排和整合重复利用。如在讲英语七年级下册《Unit5 I'm watching TV》一课时，利用PPT课件对句型反复运用，达到让学生熟练掌握的程度。

《I'm watching TV》

　　（四）数字教育资源、学科教学工具的交互性有利于激发学生的学习兴趣，能充分体现学生的主体作用

　　数字教育资源、学科教学工具可以产生一种新的图文并茂的、丰富多彩的人机交互方式，而且可以立即反馈。这种交互方式对教学过程具有重要意义。它能有效地激发学生的学习兴趣，使学生产生强烈的学习欲望，从而形成学习动机。此外，这种交互性还有利于发挥学生的主体作用。在传统的教学过程中一切都由教师主宰：教师自己总结，把框架摆在学生面前，然后像临场考试一样进入复习阶段，学生只能被动地参与这个过程。数字教育资源、学科教学工具的交互性则可以让学生按照自己的学习基础、学习难点选择要复习的内容和适合自己水平的练习。学生在这样的交互式教学环境中有了主动参与的积极性。按照认知学习理论的观点，人的认识不是外部刺激直接给予的，而是外部刺激与人的内部心理过程相互作用的产物。为了有效地认知，外部刺激是必要的，但起决定作用的还是人的内部心理过程。在教学过程中，学生才是学习的主体，必须发挥学生的主动性、积极性，才能获得有效的认知。数字教育资源、学科教学工具的交互性

所提供的多种主动参与活动就为学生主动性、积极性的发挥创造了良好条件，从而使学生能真正体现出在总结与复习环节中的主体作用。

（五）数字教育资源、学科教学工具提供外部刺激的多样性能提高总结与复习环节的效果

数字教育资源、学科教学工具的外部刺激不是单一的刺激，而是多种感官的综合刺激。这对知识的记忆与保持是非常重要的。实验心理学家赤瑞特拉做过两个著名的心理实验：一个是关于人类获取信息的来源，即人类主要通过哪些途径获取信息，他通过大量的实验证实：人类获取的信息83％来自视觉，11％来自听觉，这两个加起来就有94％，还有3.5％来自嗅觉，1.5％来自触觉，1％来自味觉。数字教育资源、学科教学工具的使用让总结与复习环节所呈现的知识既能看得见，又能听得见，还能用手操作。这样通过多种感官的刺激所获取的信息量，比单一地听老师讲课强得多。信息和知识是密切相关的，获取大量的信息就可以掌握更多的知识。另一个实验是关于知识保持即记忆持久性的实验。其结果是：人们一般能记住自己阅读内容的10％，自己听到内容的20％，自己看到内容的30％，自己听到和看到内容的50％，在交流过程中自己所说内容的70％。这就是说，如果既能听到又能看到，再通过讨论、交流用自己的语言表达出来，知识的保持将大大优于传统教学的效果。这说明数字教育资源、学科教学工具应用于总结与复习环节不仅非常有利于知识的获取，而且非常有利于知识的保持。

[案例片段解析] ┄┄

运用概念图总结《挖荠菜》的课文结构，帮助学生复习和记忆作者对荠菜的特殊感情。

作者从小时候的遭遇写起，这遭遇正是作者对荠菜产生特殊感情的根本原因。由于饥饿，才会感到荠菜是美味；由于有了被追赶的遭遇，才有挖荠菜时的轻松愉快、自由自在的幸福感；由于贫穷、一无所有，才产生"巴不得这个世界上的一切，都像荠菜一样是属于我们每一个人"的愿望。小时候的不幸与挖荠菜时的幸福感受，前后对照，互相呼应，既写出了对荠菜的特殊感情，又反映了旧社会给劳动人民带来的苦难。

$$
\text{挖荠菜}
\begin{cases}
\text{挖荠菜}\begin{cases}\text{坦然\ 享受}\\\text{游戏迁就}\end{cases}\text{遗憾}\\
\text{吃荠菜}\begin{cases}\text{无上美味}\\\text{漫不经心}\end{cases}\text{隔膜}
\end{cases}
\begin{cases}
\text{牢记过去的苦难}\\
\text{珍惜今天的幸福生活}\\
\text{创造美好的未来}
\end{cases}
$$

【设计意图】运用概念图能够很清楚明了地将作者要传达的信息总结出来，便于学生识记。

┄┄┄

提示：制作概念图时要培养学生的主体性，最好由教师与学生共同完成。

[案例片段解析] ┄┄

在总结与复习环节，通过反复的练习，达到让学生熟练掌握单词的目的。

熟练掌握"What kind of...would...like?""I'd like..."句型。重点掌握单词的单复数拼写规则。

A: What kind of *vegetables* would you like?
B: I'd like *some carrots/broccoli*.

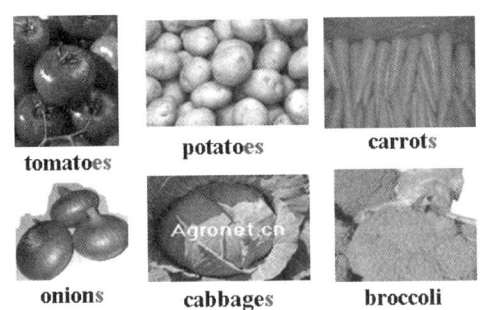

【设计意图】教学中，合理、有效地使用多媒体导入新课并教学，能让学生在最短的时间内学习、掌握新授知识。

二、数字教育资源和学科教学工具在文科教学总结与复习中的应用策略

（一）数字教育资源和学科教学工具在文科教学总结与复习中的应用方法及策略

1. 数字教育资源在文科教学总结与复习中的应用方法与策略

现阶段，大部分教学活动都广泛应用数字教学资源来辅助教学，广大中小学教师应合理应用数字教育资源提高课堂教学总结与复习环节在教学活动中的作用。"国家基础教育资源网"（http://www.cbern.gov.cn/）是专为我国广大中小学教师和学生提供丰富的教育教学资源信息和网络化学习的平台类门户网站。下面以"国家基础教育资源网"为例，介绍在初中文科课堂总结与复习环节中的应用方法与策略。

国家基础教育资源网网站按照文科"课标"、"教材"、"年级"、"学科"、"媒体"、"专题"等不同标准，组织资源并以树形结构罗列。教师可以按资源浏览；可以按课标浏览，课标规定的单元学习内容或知识点采用逐层递进的结构；可以按教材浏览，根据需要选择相应学科教材的版本与年级，若按年级浏览，根据需要选择相应的学段年级，若按学科浏览，则根据需要选择学习领域、相应主题或目标要素；可以按媒体浏览，提供了各种媒体类型，可选择相应媒体和文件格式；还可以按专题浏览，可选择教育教学中专门研究或讨论的题目。课堂总结与复习是课堂教学的最后环节，所以利用这些资源对学生开展与加强思想品德、卫生、法制、安全、环保等教育是很有意义的。

如在对文科的语言积累及运用时，登陆教学资源网站，下载课件（http://www.ruiwen.com/ftp/112381.htm）。此网站主要包括语文资源内容，课件内容全面。包括：借助汉语拼音认读汉字；正确书写汉字；根据语言情境准确、得体地使用常用词语；正确运用句式，根据语言情境进行仿写、续写、改写，做到语言准确、简明、连贯、流畅；辨识、修改常见的语病；正确使用标点符号；了解现用教材涉及的中外名著的内容；正确默写现用教材古诗词（含附录）中的精彩语句；根据情境准确、得体地进

行语言交际；根据活动情境，发现问题，探究问题，形成自己的假设或观点。.

2. 学科教学工具在教学总结与复习中的应用方法及策略

（1）概念图在课堂总结与复习环节的应用方法及策略

运用概念图带来的学习能力和清晰的思维方式会改善人的诸多行为表现，例如提高学生的学习速度，更快地学习新知识与复习整合旧知识，激发联想与创意，将各种零散的资源融会贯通成为一个系统，形成系统的学习和思维的习惯。

概念图的绘制首先要选准一个知识领域，而且这个知识领域的概念要较为集中，或者以某个概念为指引能联系出相关的一系列概念，这样的知识领域比较适合概念图的绘制。至于那些浅显的、基本的、非专业领域的概念一般不必用概念图来表达，以免把简单问题复杂化。其他的一些表达形式，如表格、图形、知识框架能解决的问题，没有必要用概念图解决。使用概念图来结束当节授课课程、做头脑风暴、设计组织结构图、记笔记、做课程总结，这是一个通向未来的必备工具。使用概念图来加强头脑风暴，开拓思维，可以使复杂的问题变得非常简单，简单到可以在一张纸上画出来，让学生看到问题的全部。

概念图是一个很好的发散性思维工具，每个学生可以根据自己原有的知识体系构建不同的概念图。建构主义认为，学习活动不是由教师向学生传递知识，而是学生根据外在信息，通过自己的背景知识构建知识的过程。在这个过程中，学生不是被动的信息吸收者和刺激接受者，要对外部的信息进行选择和加工。每个学习者都以自己原有的经验系统为基础对新的信息进行编码，建构自己的理解，而原有的知识又因为新经验的进入而发生调整和改变，这个过程是别人无法替代的。所以，概念图的构建必然具有多样性，不是唯一的。绘制概念图可以充分调动学生的创造性思维，发挥学生的创造力。概念图的设计要有简明的特征。概念图能充分体现学生的思维和才智。学生对某一学习内容会出现各种不同的理解，所以概念图的绘制宜简不宜繁，过分细小琐碎的概念不适合出现在概念图中。从心理学上讲，能迅速引起读者有意注意的刺激才是有效的刺激，这种刺激不仅指向明确而且具有集中性，能保证注意的对象得到比较鲜明和清晰的反映，并持续较长的时间。如果面对的是一张纷繁复杂的概念图，需要花费相当长的时间和精力去弄清作者的意图，反而会降低学习效率。

概念图的设计要有发展的特征。有了初步的概念图以后，随着学习的深入，学习者对原有知识的理解会逐渐加深和改变，所以，概念图应不断地修改和完善。如关于物体的运动的概念图，随着教学的进行，关于力学的概念图的构图会不断地丰富和完善。从另一层含义来说，概念图的发展性还体现在学习同一内容的不同时期。在总结、复习阶段、综合复习阶段，随着学生对概念掌握的不同程度，可以对前期制作的概念图不断地修改和完善，体现出学生对知识掌握的提升。如在讲四年级上册英语《Numbers》一课时，利用概念图的方式帮助学生记忆数字是个很有效的方法。在语言类知识的教学中，利用概念图进行总结与复习是一个新颖独特的方法。概念图将重要知识化零为整，重难点在学生头脑中成为一个有生命力的整体，知识结构得到直观、清晰的反映。

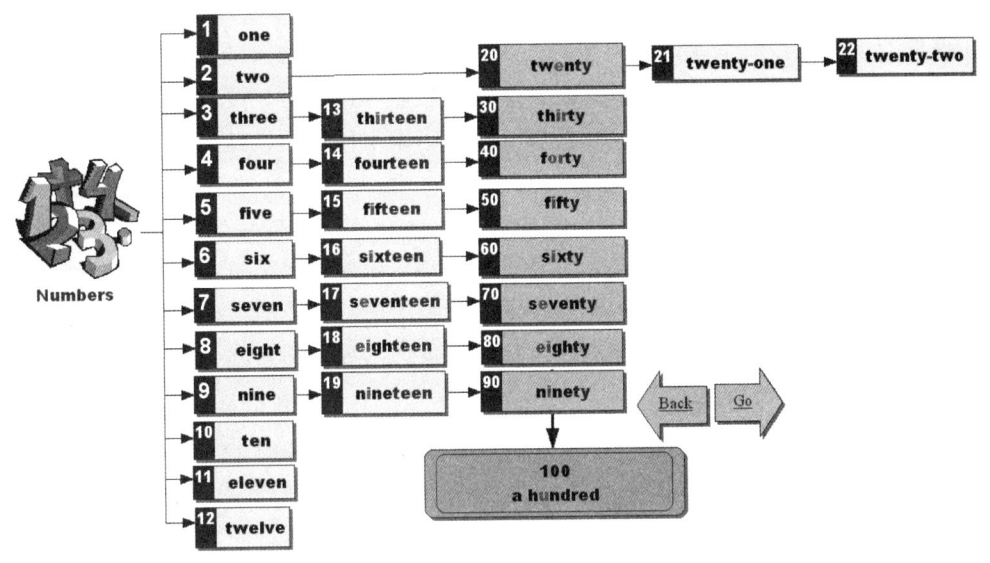

《Numbers》知识结构图

（2）PPT课件在课堂总结与复习环节中的应用方法及策略

PPT课件能播放音像、动画，具有交互功能，有利于突破教材重难点，活跃课堂气氛，调动学生参与的积极性，提高教学效果等。根据课堂总结与复习的教学需要，插入视频、声音、图片、图表等动画及其演示顺序，在进行课件的精心设计和组织过程中应注意做到：

①充分利用 PowerPoint 的超级链接命令，制作出形同板书的、能反映课堂总结重点内容的幻灯片。教师在制作课件时，或出于疏忽或为了省事，常常是使幻灯片按教学内容的顺序依次演示，缺少必要的链接和形同板书的、能反映课堂重点内容的幻灯片；总结与复习环节中，演示幻灯片与引导学生学习的过程时，也没有将计算机辅助教学与传统教学方法（如板书）相结合，结果导致学生在听课过程中，对所学内容很难形成系统的认识，很难准确把握所学内容的内在联系，不能形成一个明确的学习思路，不利于启发学生思维，培养学生能力，也不便于学生的课堂记录和课后复习。因此，教师制作出形同板书的、能反映课堂重点内容的幻灯片显得尤为重要。反映课堂重点内容的幻灯片在版面设计上，应当形同板书、纲目层次清楚、形式结构合理、布局合理、内容准确无误、文字表达完整流畅、大小颜色适度，整张幻灯片不空不繁、不错不杂、清晰美观。为此，教师应当在深入钻研教材的基础上，根据教学目的认真构思、反复推敲、精心设计，或采用直观性强的框架结构式，或采用表格式等；然后再通过幻灯片超级链接命令，将各知识点与该知识点下的幻灯片进行链接，形成完整的知识结构，供学生系统地复习。

②合理选用超级链接按钮，力求链接按钮形式上的统一性及其所代表含义的一致性。用 PowerPoint 制作课件，虽然较其他软件省时省力，但制作课件时需要花费大量的时间和精力，所制作的课件也不是一次性使用，今后还要重复使用和修改完善；同

时，一个人很难独立完成教材中所有课件的制作，需要与同行进行交流和共享。因此，为了课件便于使用，便于课件在同事间交流与共享，便于其他教师和学生使用，在制作过程中就必须充分考虑课件的可操作性。为此，在制作课件时，要慎用隐藏按钮之类的交互响应方式，需要选用合适的链接按钮，并且力求所使用的按钮在所有课件中具有统一性、各个按钮所代表的含义具有一致性。如果一张幻灯片仅为一个一次展现的对象时，为防止链接按钮的出现干扰学生阅读图片，这时使用隐藏按钮的效果会更好。总之，课件中所使用的链接按钮要统一，且各个链接按钮所代表的含义要始终一致。这样做不仅便于提示教师操作，而且有利于提醒学生以下幻灯片将要反映的重点内容，或提醒学生本张幻灯片与主题幻灯片某知识点的关联性，为知识的总结提供了便利条件。

③充分利用 PowerPoint 的"自定义动画"命令，合理安排同一张幻灯片中的内容，及链接按钮的呈现顺序和存现状态。在制作这些内容的幻灯片时，为了利于学生边观察边思考边讨论，活跃课堂气氛，激发学生的求知欲，体现教师的主导作用，发挥学生能动作用，培养学生的观察能力、想象能力、综合分析能力、解决问题的能力，促进学生思维的纵深发展，就必须根据自己关于相关图片在一张幻灯片中是同时出现还是叠加、每张图片附设的问题及其解释在授课中的呈现次序、归总图表和比较图表中的内容在授课中的呈现次序等各个方面的构思，充分利用 PowerPoint 的"自定义动画"命令，合理安排同一张幻灯片中内容和链接按钮的展现顺序和存现状态。例如，在具有知识点归总功能的主题幻灯片中，一张幻灯片中的知识点多且各知识点后都需设置链接按钮，而每个知识点及其后附的链接按钮又需要根据授课过程按顺序呈现，同时，在幻灯片演示中，知识点后的链接按钮如果呈现后始终存留在幻灯片上，则会显得幻灯片内容混乱，干扰学生的视觉效果，导致主题幻灯片起不到突出教学重点和诱发学生系统内化所学知识的作用。为此，要合理设置对象的放映顺序与时间及放映效果等，使主题幻灯片的知识点及其后附链接按钮按要求依次呈现，并使链接按钮在下一内容呈现时自动隐藏。对于一些辅助素材，如动态按钮的闪现形式、按键声音的选择也一定要慎重。否则，不恰当的闪现形式和声音有时会分散学生的注意力，降低课件的应用效果。

制作 PPT 课件还需要注意：①尽量用低版本的 PowerPoint 做，避免对方机器不能正常显示 PPT 中的动画、字体；②形式服从内容，根据内容定义 PPT 风格，不要太花哨；③字体与背景分离鲜明，配色要柔和舒服，要顾及学生的视角，忌混淆不清；④做跳页链接时，用相对地址而非绝对地址；⑤每张 PPT 最好有题目标志，防止连自己都不知道想表达的内容在哪张 PPT 上；⑥尽量少用音乐，最好用 midi 格式，方便读取；⑦PPT 内容只是提要，切忌详细；⑧PPT 内容尽量文字简练，少而精，多用图片进行描述说明，在讲述的过程中就不会给人一种"朗读"的感觉，并且让听者认为你对自己的报告内容烂熟于心，准备充分；⑨用不同的机器测试你的 PPT，看是否都能正常显示。很多人都认为 PPT 过于简单，不能制作好的动画，其实不然，PPT 中的动画虽然简单，但是如果仔细琢磨，精巧地组合就能得到很好的动画效果。另外，PPT 支持多种对象的嵌入，例如在 PPT 中加入自己制作的 Flash 小动画，这样能使 PPT 更加生动。

例如，在讲人教版九年级下册《变色龙》一课的总结与复习环节时，教师可以把上课用过的 PPT 课件的结构图再次展示出来，让学生重温上课时的情境。奥楚蔑洛夫在处理"狗咬人"案件时，第一次不知道狗的主人是谁，宣判弄死狗，狗的主人要罚款；第二次有人说这好像是席加洛夫将军家的狗，宣判狗无辜，赫留金讹诈；第三次巡警说不是将军家里的狗，宣判狗是下贱胚子，赫留金受了害，要教训狗的主人；第四次巡警说说不定是将军家的狗，宣判狗是娇贵动物，赫留金受斥责……

由下面这张结构图学生能很容易想起上课的情境，轻松归纳小说的主题，即《变色龙》通过对见风使舵、趋炎附势、欺下媚上的警官奥楚蔑洛夫这个沙皇专制统治的忠实走狗的刻画，巧妙地揭露了沙皇专制统治的黑暗腐败，也揭示了小市民阶层麻木、庸俗、愚昧的社会病苦。

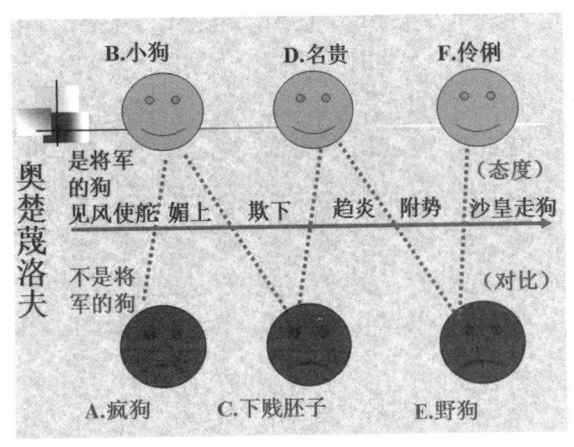

《变色龙》

（3）电子白板在文科课堂总结与复习环节中的应用方法及策略

电子白板是数字化的交互性技术，在我国中小学教学中迅速普及和发展。电子白板有很强的交互性，在教学观念、对教学目标的理解和掌握，以及在教学课件的设计和使用等方面要注意相关问题。在使用电子白板时必须以课程改革新理念为依据，探索并充分发挥电子白板的交互性功能；要突出"过程与方法"的教学目标，发挥电子白板的参与性和交互性功能；要突出参与性和交互性，设计基于电子白板的教学课件。教师在进行课堂总结与复习环节时，要能够对已有丰富多彩的多媒体教育资源进行灵活的整合。师生在教与学的过程中，要能够依据各自的需要，对上述资源进行调整、修改、增删，并可以迅速地自动生成新的教学资源；还要能够支持师生的交互式教与学，支持学生的感情、行为和思维参与；能够完整地记录教学过程中教师的教与学生的学，并使之自动形成完整记录师生教与学全过程的、可以重复使用的再生资源。要合理地利用电子白板的功能，充分发挥电子白板在课堂教学总结与复习环节中的作用。

教师在使用电子白板进行总结与复习环节时要注意一些问题。①认知策略的设计，目的是帮助学生建立新旧知识的联系，使思维过程可视化，建立正确的知识结构。交互式电子白板的诸多特性为知识的呈现、原理的解释提供了供给。例如，用遮罩功能依次呈现新旧知识，利用拖放功能实现知识的配对，利用拖放和旋转功能展示自己的思考过程。②组织策略的设计，目的是促进师生、生生的人际交互，构建互动的课堂参与结构。在国外课例中，教师会更多地设计互动的小环节让学生来参与。

例如，设计一个问题支架让学生填写，在文科教学中提供故事情节要素，让学生上台来讲故事。在讲《南极探险》一课的总结与复习过程时，在技术供给下组织策略的设计，该课程的教学目的是使学生了解南极洲的地理位置和生活环境，计划一次探险活动。教师首先出示世界地图和南极地图让学生了解地理位置。然后通过一份学习任务书来帮助学生明确课程的安排和需要完成的学习任务。之后，教师采用 T 型表和小组成员表的方式让学生到白板前写下自己对学习主题的了解，并加入探究小组中。通过此方式，教师了解学习者已有的知识并完成分组。最后进行了小组成果的展示和分享。教师设计了一个展示板，让学生在白板上拖放内容来演示小组讨论的结果，更好地发挥了电子白板在课堂总结与复习中的作用。

以上教学软件概念图和思维导图、PPT 课件、电子白板的功能和作用不同，需要教师在使用这些软件工具的过程中，根据教学需要和不同的教学设备，流畅地转换和衔接教学软件工具，以更好的教学内容达到教学目的。

（二）教师在文科总结与复习课上合理选择数字教育资源和学科教学工具的策略

信息爆炸的年代，网络上提供了庞大的数字教育资源和各种各样的学科教学工具，如何为一堂课、一个单元、一个学期的总结与复习环节选择合适的数字教育资源和学科教学工具是新时代教师的职责，更是对教师的挑战。

1. 需要和效益策略

以"需要和有效"作为选择的标准。一是对课堂总结与复习环节的教学有效和需要。二是对学生需要和有益。依据课程标准、学习目标和技术条件，选择适当的课堂教学方式及确定有利于运用数字教育资源和学科教学工具提升教学质量的切入点。不同的学生有不同的求知欲，根据学生群体、技术条件与教学内容的特征选择适合的软件、工具及平台，以满足其需要并产生效益，才能保证所获取教育资源的有效性、实用性，才能最大限度地满足学生的需求。教师应该根据需要与效益使用合理的技术工具对搜集到的教学资源进行加工、整合、开发。

2. 主体性原则

数字化教学资源体系在个性化教学中的应用必须贯彻主体性原则，在总结与复习环节中也要坚持以学生为主，服务于学生。

3. 最优化原则

数字化教学资源体系的泛化决定了它的广泛性，而总结与复习环节的概括性和集中性又决定了教学内容的针对性，加之应用数字化教学资源和学科教学工具的教学又是多种资源共同作用的过程，数字化教学资源和学科工具作用的大小，不仅取决于所涉及资源、工具等各自的内容，主要还取决于资源和工具组合的优劣及其功能的发挥。因此，最优化原则要求既要优化资源的选择，又要优化资源的组合。不同的教学资源要选择最优的教学设备和软件呈现，并且能够流畅地转换和衔接，确保相关设备、资源与工具在课堂教学环境中的正常使用。要避免总结与复习环节形式大于内容，不能发挥此环节的重要作用。

4. 创造性原则

数字化教学资源和学科教学工具即使非常丰富也不能完全照搬照用，教师应该根据学生的实际情况对教学资源进行选择、改编或开发，充分地利用技术手段创设启发式学习情境，促进学生互动、探究与深入思考。

课堂教学活动中，总结与复习部分并不是无关紧要的，而是能引发学生深入思考、拓展想象空间的重要环节。课堂教学总结的任务主要体现在两个方面：一是概括教学内容，突出重点，强化难点，总结规律，使学生对全课的教学内容和知识要点获得清晰的印象；二是开拓学生视野，激发学生思维，引导他们对有关内容进行联想和思考，使知识系统化和条理化，实现知识的迁移。教师要合理运用数字化教学资源和学科教学工具，依据课程标准、学习目标和技术条件，选择适当的设备和软件工具进行转换和衔接，使教学活动能更有效地完成。

[案例片段解析]

在《水调歌头》一课总结与复习环中用概念图和思维导图相结合的方式归纳总结。

将整篇课文分解成上阕和下阕两个部分。上阕部分主要写的是作者月下饮酒，由幻想超脱尘世转化为喜爱人间生活。通过思维导图的展示，学生很容易从结构上把握文意。下阕部分主要写对月怀人，作者的心态由感伤离别转而对离人的祝福。通过直线型结构，能清晰地将作者心态的转变呈现出来。

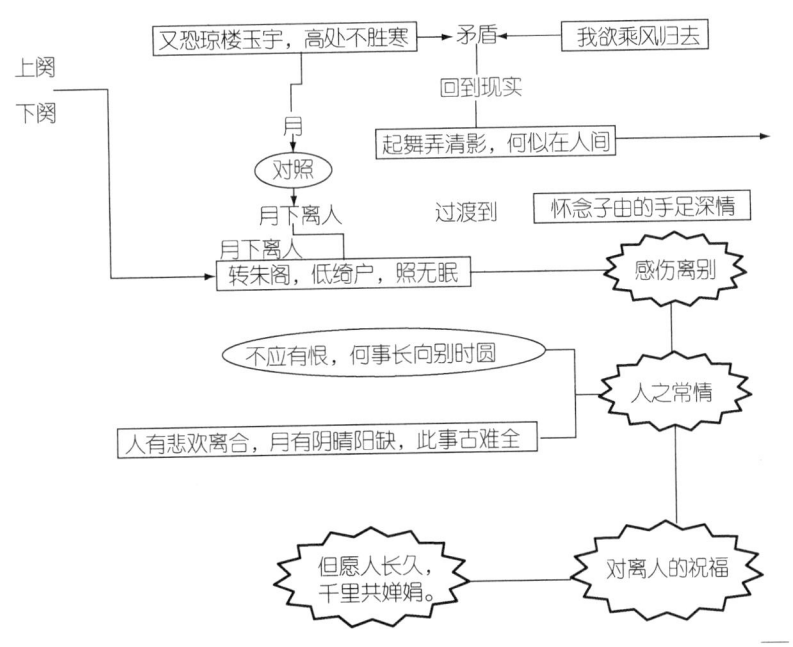

【设计意图】概念图和思维导图作为中学文科总结与复习的一种有效方式，应该在教和学中得到广泛的应用。利用概念图和思维导图实现个性化学习。

提示：在总结与复习的教学设计中，概念图和思维导图具有高度的浓缩性、完整性、直观形象性和思维开放性等优点。

[案例片段解析]

在讲解《Unit 15 We're trying to save the manatees!》一课时，利用图片展示：
Describe animals：
训练句型 It's...
They're
...

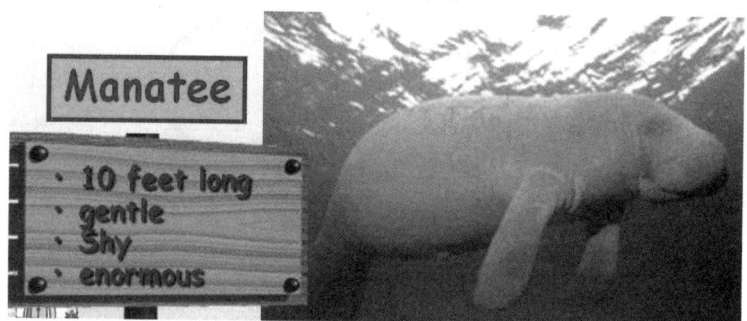

图片给予适当的关键词提示，如 10 feet long、gentle、shy、enormous 等特征词。

【设计意图】利用图片形象地展示了动物的形体特征，使图片在学生的脑海中形成概念，有利于学生对单词和句型的快速记忆。

提示：利用 PPT 图片进行总结与复习时，要注意提供主要句型和关键词提示，有助于学生对知识结构的掌握。

小组讨论

1. 数字教育资源、学科教学工具在总结与复习教学中的作用有哪些？除了上述内容，你还知道哪些？

2. 如何选择适当的课堂教学方式与确定有利于运用数字教育资源、学科教学工具来提升教学质量的切入点?

3. 如何选择数字教学资源和学科教学工具为总结与复习环节创设启发式学习情境,促进学生互动、探究与深入思考?

4. 教师在使用电子白板进行总结与复习环节时要注意哪些问题?

 实践活动

1. 使用合理的技术工具为《孔乙己》一课总结与复习环节加工、整合、开发数字化资源。

2. 利用电子白板设计历史课《春秋战国的纷争》一课的总结与复习环节。

专题 五

技术支持的教学评价

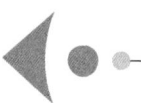

 学 习 目 标

在本专题的学习中，您要努力达到如下目标：

1．有针对性地观察和收集学生的课堂行为与反应，对产生的问题进行实时干预和有效调整。（《标准》C17）

2．利用技术手段及时有序地管理预设资源和生成性资源。（《标准》C18）

3．灵活处置课堂教学中的技术故障与意外状况。（《标准》C19）

4．保证每个学生都能获得良好的视觉与听觉体验，以及公平的练习与反馈的机会。（《标准》C20）

 关 键 术 语

借助数字教育资源、学科教学工具进行评价　评价的效率　电子档案袋　电子量规
概念图　教学评价工具

 内 容 导 图

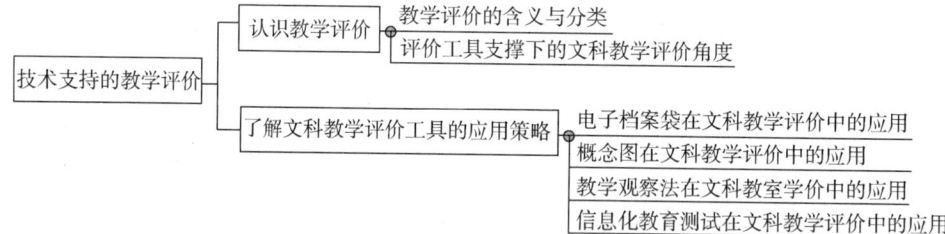

技术支持的教学评价
- 认识教学评价
  - 教学评价的含义与分类
  - 评价工具支撑下的文科教学评价角度
- 了解文科教学评价工具的应用策略
  - 电子档案袋在文科教学评价中的应用
  - 概念图在文科教学评价中的应用
  - 教学观察法在文科教室学价中的应用
  - 信息化教育测试在文科教学评价中的应用

 情 境 导 入

教学评价一直是教育教学中不可或缺的重要环节，公平、公正、客观的教学评价对于量化教学效果、促进教学尤为重要。在数字化学习环境下，电脑的普及率越来越高，电子技术在学生研究性学习和汇报准备方面的应用也越来越普遍，然而讨论最激烈的是应用技术来改善评价体系。应把评价和技术相结合，使课堂评价实践与国家要求的教学内容标准及责任制度紧密联系起来，运用技术开发并实施评价，并经此评价与日常的教

学进行整合，使教师能更多地洞察学生的思维，从而相应地调整教学。在技术支持下的教学评价更加有效、客观，减轻了教师的重复工作，评价也更趋多元化。

 **活动一 认识教学评价**

理论导学

一、教学评价的含义与分类

（一）教学评价的概念

教学评价是依据教学目标对教学过程和结果进行价值判断并为教学决策服务的活动。教学评价包括对教学过程中教师、学生、教学内容、教学方法手段、教学环境、教学管理诸因素的评价，但主要是对学生学习效果的评价和教师教学工作过程的评价。

教学评价的两个核心环节是对教师教学工作（教学设计、组织、实施等）的评价，即教师教学评估（课堂、课外）和对学生学习效果的评价，即考试与测验。评价的方法主要有量化评价和质性评价。

（二）教学评价的作用

1. 诊断作用

对教学效果进行评价，可以了解教学各方面的情况，从而判断它的质量和水平、成效和缺陷。全面客观的评价不仅能估计学生的成绩在多大程度上实现了教学目标，而且能解释成绩不良的原因并找出主要原因。可见，教学评价如同身体检查，是对教学进行一次严谨的、科学的诊断。

2. 激励作用

评价对教师和学生具有监督和强化作用。通过评价能反映出教师的教学效果和学生的学习成绩。经验和研究都表明，在一定的限度内，经常进行记录成绩的测验对学生的学习动机具有很大的激发作用，可以有效地推动课堂学习。

3. 调节作用

评价发出的信息可以使师生知道教和学的情况，教师和学生可以根据反馈信息修订计划及调整教学行为，从而达到规定的目标。

4. 教学作用

评价本身也是教学活动。在这个活动中，学生的知识、技能将获得长进，智力和品德也有进展。

（三）教学评价的分类

1. 诊断性评价

诊断性评价是为了使教学更适合学习者的需要和背景，在一门课程和一个学习单元开始之前对学习者所具有的认知、情感和技能方面的条件所进行的评价。通过诊断性评价鉴定评定对象的基础条件，收集与评价对象有关的信息，了解实施前存在的问题，找到解决办法和应对策略，使未来实施过程中的指导有的放矢。

2. 形成性评价

形成性评价是在教学过程中，对尚在进行、发展中的教学活动进行相应的价值判断。形成性评价的目的在于确定学生在本阶段学习中已经掌握和为顺利进行下一步的学习应当掌握的内容，并帮助学生学会那些本应掌握而尚未掌握的要点。形成性评价的目的侧重于教学的改进和不断完善。

3. 总结性评价

总结性评价是在教学单元或阶段教学结束后，对学生的学习结果所做的全面评价。其主要目的是给学生评定成绩，为教师或学校提供关于某个教学方案是否有效的证据。

（四）教学评价的基本原则

1. 方向性原则

教学评价必须以党和国家的教育方针、国家颁发的课程计划及课程标准、国家正式审定的教材为依据，通过评价使教学坚持正确的方向，以促进学生的全面发展。

2. 科学性原则

教学评价必须具有可信度与可靠性，必须建立在科学的基础上，有充分的科学依据和科学方法。教学评价要以正确的教育思想和教学理论为指导，遵循课堂教学的规律和原则，适应深化课堂教学改革的要求和各学科的特点。在建立教学评价体系的时候，要有相应的理论依据，每个指标项目要有相对独立的、准确的科学含义。在确定各项指标的评价标准时，要考虑到指标本身的科学内涵和操作是否方便实用。教学评价的方法要力求科学、完整。在评价过程中，要根据教学目标与教学管理的要求，注意从教学过程入手，从教学的计划设计、备课上课、批改作业等方面进行。在评价信息的搜集和处理上，要力求全面、客观、公正，注意其可靠性和合理性。

3. 客观性原则

教学评价必须采取实事求是的态度，客观地反映被评价者的真实价值，不能主观臆断。教学评价的客观性，可以激发师生的积极性。如果教学评价不客观，就会挫伤师生的积极性。

4. 整体性原则

教学是师生共同参与的活动。因此，教学评价需要注意各个因素之间的联系，从评价目标到评价完成，整个过程都要进行全面系统的评价。

5. 目的性原则

教学评价是一种管理手段，是对教学过程进行调控的指南。通过教学评价，教师能监控和改进教学过程，改进教学方法，更好地完成教学目标。

6. 可行性原则

教学评价要从教学实际情况出发，评价的内容、方案、指标、方法等都要符合具体的现实条件；还要充分考虑资金成本、评价设备、评价者能力，以及学校领导的支持等方面的问题。

（五）教学评价的功能

教学评价为现代教育事业的发展提供支持。教育要面向现代化、面向世界、面向未来，就必须重视学校教育、教学工作，必须对学校的教学工作进行有效的评价，才能为教育部门提供真实的教育、教学情况，从而进行科学的决策。联合国教科文组织把各国教育行政人员（学校干部和教育行政干部）有没有相当的教育、教学评价能力作为评价一个国家教育发达程度和教育效能的一种依据。教学评价体现了现代教育发展的世界性趋势，是现代教育事业发展的需要。

1．教学评价为全面提高教学质量提供保障

教学评价是教学工作中的一个重要组成部分。通过教学评价可促使教师自觉地按照教学规律办事，可对教学工作中的每个阶段和每个环节进行有效调控，促使教学工作向规范化、科学化方向发展，以保证教学质量和效果。

2．教学评价为推动教学改革提供动力源泉

教学评价可对教学活动的价值和教学效果进行判断。这种判断不仅要运用现代教育理念，而且要求评价的内容、标准和方法都要符合教学改革的需要。在进行教学评价的过程中，要处理好教学与发展的关系，以及学科与技术的关系。任何教学改革的实施都需要一套科学合理的教学评价制度，没有科学的教学评价，教学改革工作就难以进行下去。

3．教学评价为管理教师队伍提供科学手段

建立教学评价制度，能够客观地评价教学工作，真实地反映教师的工作绩效。不仅为学校领导提供教学管理信息，而且能够促进教师自身教学技能的提高。

二、评价工具支撑下的文科教学评价角度

文科是最重要的交际工具，是人类文化的重要组成部分。工具性与人文性的统一，是文科课程的基本特点。文科课程应致力于学生文科素养的形成与发展。文科素养是学生学好其他课程的基础，也是学生全面发展和终身发展的基础。文科课程的多重功能和奠基作用，决定了它在基础教育阶段的重要地位。

文科课程必须面向全体学生，使学生获得基本的文科素养。文科课程应培育学生热爱祖国的思想感情，丰富语言的积累，培养语感，发展思维，使他们具有适应实际需要的识字写字能力、阅读能力、写作能力、口语交际能力。文科课程还应重视提高学生的品德修养和审美情趣，使他们逐步形成良好的个性和健全的人格，促进德、智、体、美的和谐发展。

文科课程丰富的人文内涵对人们精神领域的影响是深广的，学生对文科材料的反应又是多元的，因此，应该重视文科的熏陶、感染作用，注意教学内容的价值取向，同时也应尊重学生在学习过程中的独特体验。文科是实践性很强的课程，应着重培养学生的文科实践能力，而培养这种能力的主要途径是文科实践，不宜刻意追求文科知识的系统和完整。文科又是母语教育课程，学习资源和实践机会无处不在。因而，应该让学生更多地直接接触文科材料，在大量的文科实践中掌握运用文科的规律。

文科课程还应考虑汉语言文字的特点对识字写字、阅读、写作、口语交际和学生思维发展等方面的影响，在教学中尤其要重视培养学生良好的语感和整体把握的能力。上述文科学科的性质和特点，决定了在实施文科教学评价研究中，一定要体现文科学科的特点，同时又要重点突出。实施文科教学评价研究主要可以从以下四个方面进行：

（一）确立全新的文科教学评价的理念

文科教学评价的主要目的是为了全面了解学生的文科学习历程，激励学生的文科学习和改进教师的文科教学。具体包括：反映学生文科学习的成就和进步，激励学生的文科学习；诊断学生在学习文科中存在的困难，及时调整和改善教学过程；全面了解学生文科学习的历程，帮助学生认识到自己在学习策略、思维或习惯上的长处和不足；使学生形成正确的学习预期，形成对文科积极的态度、情感和价值观，帮助学生认识自我，树立信心。

应建立文科教学评价目标多元、评价方法多样的评价体系。对文科学习的评价要关注学生学习的结果，更要关注他们学习的过程；要关注学生文科学习的水平，更要关注他们在文科活动中表现出来的情感与态度。

（二）建立科学的文科教学评价指标

文科教学是教师依据课程标准的理念与基本要求，在全面驾驭教科书的知识体系、知识结构和编写意图的基础上，根据学生的具体情况，对教学内容进行再创造的过程。对文科课堂教学过程，建议从以下三个维度进行评价：学生在课堂教学中的情意过程、学生在文科学习中的认知过程和教师的因材施教过程。这是评价文科教学过程最基本的三个方面。

1. 情意过程

（1）教学氛围：是否营造了一个平等、民主、和谐的师生关系、生生关系，教师是否鼓励学生发现问题、提出问题，学生是否敢于质疑、大胆尝试、乐于交流与合作。

（2）学习兴趣：教师能否充分地调动学生的学习积极性，使全体学生都能够主动、有效地投入到文科活动中；学生是否对文科有好奇心与求知欲。

（3）自信心：教师能否让学生在文科学习中获得成功的体验，学生能否在学习过程中建立自信心。

（4）情感态度：学生能否在文科学习过程中获得情感体验。

2. 教学过程

有效的文科教学还应考虑所选择的教学方式是否适合学生的认知过程。评价文科教学要关注教师在实施课堂教学过程中，能否使学生有效地经历文科素养的形成过程，使学生在获得必要的基础知识与听说读写的同时，发展实践能力与创新意识。

（1）教学方法与手段：合理有效地使用教学方法与手段。

（2）学习方式：教师能否根据具体的教学内容，发挥主体作用，引导学生开展有效的学习，是否体现自主探索、合作交流等有效的学习方式。

（3）思维的发展：教师能否发展学生的观察力、想象力与初步反思的意识。

3. 因材施教

文科教学应面向全体学生，还要体现因材施教的原则，使不同的学生有着不同的发展。文科课堂教学应当是一个师生互动、生生互动、共同发展的过程。教师应当在评价时关注：

（1）面向全体学生。教师能否在课堂教学中关注每一个学生，特别是对学习有困难的学生给予切实的帮助。

（2）尊重个性差异。教师在教学中能否尊重学生的个性特征，允许不同的学生从不同的角度认识问题，采用不同的方式表达自己的想法，用不同的知识与方法解决问题。

（三）健全学生文科学业成绩评价体系

1. 注重对学生文科学习过程的评价

根据初、高中文科课程标准的要求，对学生文科学习的评价应从甄别式的评价转向发展性评价。以往只是以学生考试成绩的优劣作为评价学生学习好坏的评价标准，必然会加重学生的学习负担。

2. 评价主体和方式要多样化

评价的手段和形式应是多样化的，应以过程性评价为主，既可以用书面考试、口试、活动报告等方式，也可用课堂观察、课后访谈、作业分析、建立学生成长记录袋等方式。一次考试决定学生终身的现象得到有效控制。教师在评价学生文科学习时，既可以让学生开展自评和互评，也可以让家长和社区有关人员参与评价，而不仅仅局限于教师对学生的评价。

3. 评价结果的呈现应以定性和定量相结合的方式

应采用鼓励性语言，发挥评价的激励作用，要让学生体会到只要付出了努力就能获得公正的、客观的评价。

（四）积极探索构建有利于促进文科教师专业水平提高的评价机制

1. 打破唯"学生文科学业成绩"论教师工作业绩的传统做法，建立促进教师不断提高的评价指标体系，包括教师的职业道德、对学生的了解和尊重、教学实施与设计以及交流与反思等。一方面，以学生全面发展的状况来评价教师工作业绩，另一方面关注教师的专业成长与需要，建立促进教师不断提高的评价指标体系是发展文科教师评价制度的基础。

2. 强调以"自评"的方式促进教师教育教学反思能力的提高，倡导建立教师、学生、家长和管理者共同参与的、体现多渠道信息反馈的教师评价制度。一方面，通过评价主体的扩展，加强了对教师工作的管理和监控；另一方面，旨在发展教师的自我监控与反思能力，重视教师在自我教育和自我发展中的主体地位。

3. 打破关注教师的行为表现、忽视学生参与学习过程的传统的课堂教学评价模式，建立"以学论教"的文科课堂教学评价模式，即文科课堂教学评价的关注点转向学生在课堂上的行为表现、情绪体验、过程参与、知识获得和交流合作等诸多方面，而不仅仅是教师在教学过程中的具体表现，使教师的教真正服务于学生。

[案例片段解析]

小组互评

在《我的信念》一课中小组合作分析、归纳、整理信息，归纳居里夫人的人格美及其取得巨大成就的原因，用概念图进行展示，小组互相评价。

【设计意图】通过小组相互评价，可以取长补短，共同完善概念图；也能充分发挥组间竞争的作用，调动课堂气氛的同时激励学生带着批判性思维主动思考，建构自己解决问题的思维体系。

提示： 在教学过程中，对小组互评的题目设置要慎重，避免过于简单或过于困难。

[案例片段解析]

在一节英语课上，教师布置了一个任务。让学生按照颜色，把学习过的所有水果、蔬菜归纳起来，并且将自己绘制的图片和同桌的相互对比并进行补充。很多学生绘制出了下面这样的概念图。

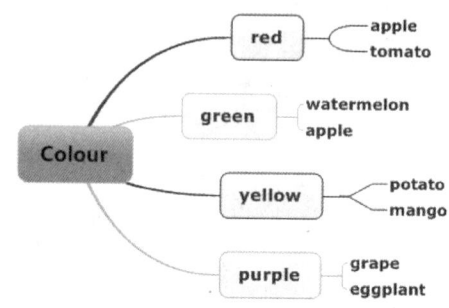

【设计意图】概念图可用于学生自我评价。学生在建概念图时遇到了困难，便会清楚地联想到自己在学习中还存在哪些不足、哪个知识点还没有掌握，能激励他去弥补不足。

提示： 学生把自己的概念图跟同学或老师的概念图做比较，原本含糊不清的问题就会变得明朗，能很快找到解决办法。

 小组讨论

1. 在学习小组内，讨论在教学过程中教学评价的作用。
2. 教学评价分为哪几类，有哪些基本原则？

 实践活动

1. 对《鱼我所欲也》一文做出合理的教学评价。
2. 设计英语课《Unit 10 What's your favorite color?》的教学评价。

 活动二 了解文科教学评价工具的应用策略

 理论导学

一、电子档案袋在文科教学评价中的应用

（一）了解电子档案袋

电子档案袋是网络环境下由传统档案袋发展而来。有了网络和多媒体作为支撑环

境，电子档案袋的主要特征是以电子信号替代非电子的文本符号来存储信息内容。电子档案袋可以分为模拟型（以模拟电子信号记录）和数字型（以数字电子信号记录）两种。可以存放在网络服务器、单机硬盘、光碟、录像带等介质上。电子档案袋具有低存贮空间、可长时间保存、管理便捷等特点，在教育教学中的研究和应用也日益广泛，它记录了学习和生活的历史，能有效地促进学生的自我反思与自律学习，是新课程倡导的进行多元化的质性评价的方式之一。在技术环境下，可以借助 Word 文档设计电子档案袋，博客也可以作为一种档案袋评价工具，有一些专门开发的平台就提供电子档案袋记录功能，例如，北京师范大学现代教育技术研究所开发的 Deval 系统，专门支持对小学英语和其他文科课程的发展性评估。

（二）档案袋的适用范围

档案袋评价大多用于了解学生的学习过程、取得的进步与改变的历程，尤其是学生的反思对改进学习所带来的影响，能促进学生发展和自我成长，给学生自主发挥的空间。一旦主题明确后，可由学生自主决定档案袋的组织架构、内容、呈现方式与数量，并且可由学生做自我反省、自我评价。教育人员通过分析档案袋，可了解学生的表现与成长。从内容层面来看，学习档案袋属于过程型档案袋，关注学生学习有意义的细节变化，重点体现学生取得进步的过程，也包括学生在各个学习阶段或各个学习单元形成的发展状况与成果。档案袋评价一般用于课程计划或产品制作或学生还处在发展与完善过程，因此，可以根据学校教育目标和教学计划，在时间序列上连续地收集资料、扩充档案袋资料，对档案袋内容进行定期整理与反思，并定期开展形成性评价，增进学生自我成长。

（三）设计电子档案袋

传统的档案袋可用资料袋、文件夹来做，最好全班统一式样。教师应指导学生建立袋中袋，把资料分门别类地放入各小袋中，便于今后查找、分析和评价。在评价工具支持下我们可以很方便地设计管理自己的档案袋。如博客就是一种简单、易行的可选择方案。博客的网页形式可以将学生的作品归类存放。学生通过博客发布日志，自由表达观点和见解，记录学习和思考过程，记载个人生活点滴、思想顿悟，以及思维方式、发展过程，并及时更新，自然地按照时间进行结构化组织。这些记录能够反映出学生的整个学习进程和各个学习阶段的发展过程，描绘出个人知识形成和认知的提升轨迹，因此成为对学生过程性评价的重要依据。

（四）课堂学习电子档案系统在文科教学中的应用

课堂学习电子档案系统可以实现教师录题、学生课堂测验、学生测验统计、教师测验答疑、测验评价、家长反馈实时成绩、家长反馈学业进展等功能。每个学生的课堂学习电子档案都是一个记录并帮助学生反思学习方法、学习成果和自我了解的过程。这个过程全面地反映了学生学习的过程和表现，任课教师、班主任、家长能够从中清楚地看到学生的学习过程、发展过程和目标达成度的强弱，是评价学生和学生自我评价以及教师评价的依据。该平台在文科教学中的具体应用如下：

1. 教师优选教材，完成录题

课堂学习电子档案系统平台信息量大，生动直观，能够增加课堂容量，加大信息传播密度，文科教学可以借助该系统提高教学效率。这是一种新型的学习方式，一种系统化的教学思路。

比如教师可以就文科知识结构按文本知识、语言知识、作家作品鉴赏知识等不同类型设置录题单元，可以在此基础上将教材中的单元重新组合成新单元，进行单元教学改革。这样，教师就可以借助电子平台整体而有序地考虑教学过程的各结构成分及相互联系，以尽可能实现文科教学的优选，力求使教学全过程及每一结构都能发挥最优功能。

2. 学生随堂测验，统计数据

电子系统便于数据统计，能够即时反馈评价学生整体和个体学习情况。这是一种形成性评价，可以不断反馈学生学习成功或失败的信息，它强调的是学生个体在课堂学习中的点滴进步和变化，关注的是学生学习过程中需要改进的地方。教师可以借助它及时给予学习评价和反馈，及时为学生提出改进的建议和发展的方向。

例如，在随堂测验完成之后，教师点击"学生管理"功能菜单下的"测验统计"，界面右方就会出现这次测验错误最多的前 20 道试题。这样，教师就可以据此调整教学内容，采取恰当的教学方式、教学策略来适应学生的具体情况。

又如，学生运用博客发表对《列夫·托尔斯泰》一课的反思，包括课上的表现、对课文的理解、自己不懂的问题、与别人不同的见解。这些记录能够反映出学生整个学习进程和各个学习阶段的发展过程，描绘出个人知识形成和认知的提升轨迹，因此成为对学生过程性评价的重要依据。将评价与学习过程相融合，也是后续总结性评价的基础。

3. 教师测验答疑，做出个体评价

在平台中，学生通过测验统计能够清楚地看到自己对知识的掌握程度和自己的进步与不足。而教师看到的不仅是一个数据统计，这样的记录使得教学有据可依，可以根据问题有针对性地进行教学，做到因材施教、具体问题具体分析，从而帮助每一个学生取得进步。

比如通过随堂测验统计数据，按照每个学生薄弱的知识点，教师可以在"教师评价"中针对每个学生的测验情况及时给予肯定和激励，并委婉地指出存在的问题，提出具体的改进意见。为了提高教师工作效率，并有效调动学生参与解决问题的积极性，可以考虑按知识点的不同来分组，以组为单位，通过组间的分工合作实现对每个学生薄弱点的加强训练；还可以布置针对性作业，如就文科知识结构按文本知识、语言知识、作家作品鉴赏知识等不同类型设置专项作业，有助于对学生的针对性指导。

4. 依据动态数据，评价学业进展

课堂电子系统对学生长期的、动态的数据统计，使得学生、家长、教师可以随时了解和掌握学生的学业进展情况，清晰地看到学生个体学习结果的形成发展过程和参与度以及个人的收获和成长。学生在教师和家长的帮助下，能从数据中体验到成长，感受到成功，调动学习积极性。这种评价方式体现的是"学习是个过程，学习评价也应有过程评价"的思想，能较好地促进学生的全面发展，真正用发展的眼光看待学生文科素养的养成。

在不同学段，教师可以利用电子平台检验学习成效，主要是对教学目标达成程度的判断。评价内容以课程标准为依据，紧扣本单元学习内容，可以考查学生对知识技能的掌握情况以及学习能力、学习方法、情感态度、价值观等教学目标的落实情况，同时也为教师提供教学目标适当性与教学策略有效性的信息，促进教师不断调整改进教学方法，提高教学质量，促进学生文科素养的真正提高。

课堂学习电子档案系统信息量大，生动直观，能够激发学生的学习兴趣，有效提高文科教学效率。我们应该充分借助这个平台，将课程、教学与评价真正有机地结合起来，让平台成为鉴定过去、回顾历史、促进学生主动发展和教师专业成长的得力工具。

如在做《Mid-autumn Festival》一课的教学评价，这一节课计划在听、说、读、写等方面对学生进行训练。在听的基础上，学生学会用英语谈论中秋节，培养学生的交际能力；学生掌握比较级的简单知识并能运用；阅读有关中秋节及一些中国的传统节日的英文材料和用英语写出一些中国的传统节日的谜语。教师要用描述性语言评价学生的学习过程。

姓名		学号		班级		编号	
评价内容		自我评价		同伴评价		教师评价	
学习态度							
学习热情							
学习能力							
学习策略							
课堂表现							
进步情况							
存在问题							
综合评价							

二、概念图在文科教学评价中的应用

（一）了解概念图

概念图是一种以图表的形式反映概念和概念间关系的知识结构图。它由节点、连线、连接语、命题和层级组成。节点表示概念，这里的概念泛指感知到的同类事物的共同属性，它可以表征为学科概念、原理、信息点等；连线表示概念间的意义联系，并用箭头表示指向；连接语是指在连线上用于标明两个概念间关系的字、词、符号或短语；命题是两个概念间通过连线、连接词而形成的概念、原理的更深层意义关系；层级（或类型）是概念的展现方式，它可以是线型、层次型、辐射型和网络型。

（二）概念图在文科课堂评价中的适用范围

1. 可以用作教师评价学生的工具

在传统文科知识测验中，教师只能检查学生在某个文科知识体系中某个知识点的掌握情况，这种孤立的方法不能真实地反映学生知识的掌握情况。例如，在期末复习时让学生绘制文科知识结构图或者某个知识点所涉及的概念图，从而了解学生对知识掌握的情况；还可以发现学生理解上的问题所在，便于教师对学生整体知识结构的把握，也就是对学生做出总结性评价，要求学生提供表明他们在某一领域的知识结构的任务。概念图不仅可以进行总结性评价，还可以作为形成性评价的材料，及时了解阶段教学的结果和学生的进展情况、存在的问题。一方面是教师绘制概念图讲解文科知识，让学生完成节点、连接词、层级等；另一方面也可以让学生自己利用概念图整理已有的文科知识或新学习的知识。教师从绘制出来的概念图中可以清晰地看出学生的思维习惯、学习风格，及时地掌握学生的思维过程，根据学生的"概念反馈"及时且有针对性地提供相应的指导或调整教学策略。

2. 可以作为学生自评或互评的工具

学生在复习的时候可以经常画出概念图来辅助自己整理知识。概念图能够更加系统地反映概念之间的逻辑关系。通过节点的设置可以检查自己是否能回忆起学过的关键概念，通过节点之间的连线检查自己是否清楚概念与概念之间的关系，通过层级来分清概念之间的从属和层次关系。学生可以徒手绘制，不受场所的限制，随时随地检查自己对知识的掌握情况，以便进行自我调节。学生利用概念图进行自评，不必和其他同学比较，这只是了解自己不同时期的学习状态，所以不要产生紧张或自卑的心理。

3. 可以作为学生组间互评、组内互评的工具

互评主要是对别人的工作、成绩、情感、态度进行评价。它不同于自评和集体测试，不是考查学生对文科知识的掌握情况，而是让别人对自己的表现进行定性评价。互评的方式更多地用于小组学习时组员之间的评价，对组员在完成小组任务的过程中的表现给予反馈。学生可以把每个小组作为一个节点，小组任务完成过程的优缺点作为下一个层级的节点，也可以把小组各个成员的表现作为下一层级的节点。或者对任务步骤做出概念图。通过概念图，教师可以从组内互评中真实地了解每个学生的情况学生也可以针对概念图反映的情况，进行讨论、交流。

总之，概念图主要用于评价学习者对文科知识的创造性思维水平，评价学习者知识结构的组织状态，评价学习者的态度、情感和价值观。概念图可以提供给教师和学生进行反思，从知识的引出到知识的表征再到知识表征的评价，反映了学生在文科课程概念理解上的成长和变化。尤其是如 MindMapper、Inspiration 等软件的出现，使得概念图的使用更为广泛。这些概念图工具软件界面简单、操作直观、容易上手，能集图片、声音等更真实地反映人的思维，使概念图评价更有效地应用到教师的教学与学生的学习中。

（三）概念图在文科课堂中的评价特征

概念图的评价分为评价任务、作答方式和评分体系。

1. 要求学生提供表明他们文科知识结构的信息

概念图的评价任务可以是多样的，有的要求学生用纸画出完整的概念图，有的是在教师绘制的概念图上画上连接线或填上节点，也可以让学生构建一定层级关系的概念图。

评价任务包含三个任务的变量：任务要求、任务规范和内容结构。任务要求是指当学生在构建概念图时对他们所做的要求，如构建一个概念图、在概念图中填空。任务规范是指对完成任务的一些限制条件，规范可以是多种多样的，教师可以根据具体的内容制定不同的规范。例如，要求学生在完成任务时使用提供的概念或概念间的连接，要求学生在两个节点之间使用一个以上的连接。内容结构是指针对不同的、具体的内容，应该有相应的要求和规范，例如，若概念图的内容结构是上下位的关系，那么所绘的概念图应该是层级式的。

2. 学生的应答方式

应答方式是指学生做出的反应，它因给定的任务不同而异。反应方式包含三个变量：反应形式、反应方式特征、绘图者。反应形式是指学生回答问题的形式，是口头、文字还是用计算机等。反应方式的特征根据任务的不同而变化，通常适应于某种特定的任务。例如，要求学生在概念图的空白节点填写给定的概念；如果要求学生画出概念图而没有给出概念，则反应方式就是向学生提供绘制概念图的信息，要求学生画出相应的概念图。有关研究发现，让学生构造概念图比填充概念图能更好地反映学生的知识结构，但如果概念图来自学生的论文或口头报告，教师只能从文章或报告中提取重要的概念为学生绘制相关的概念图。

三、教学观察法在文科教学评价中的应用

（一）了解观察法

1. 观察法定义

观察即在自然的教育场景下了解观察对象。观察法是人们为认识事物的本质和规律，通过感觉器官或借助一定的仪器，有目的、有计划地对自然条件下出现的现象进行考察的一种方法。

2. 教学观察法

教学观察法是指教育者在自然情景中通过直接观察或借助录音、录像手段对学生的行为进行有目的、有计划的系统观察和记录，然后对所做记录进行分析，了解学生的学习方式、学习风格、生活习惯、心理发展规律等。观察法具有系统性、客观性、目的性、计划性等特点。观察法适用于评价那些在教学中不易被量化的行为表现（如兴趣、爱好、态度、习惯与性格）和技能性的成绩（如唱歌、绘画、体育技巧和手工制作）。

观察一般要在事前确定观察目的、观察范围，并明确对将观察的某现象需设置哪些变化的情况或场景，使被观察者在这种特定条件下进行活动，以获得合乎实际目的的材料。教师的观察是根据课题的需要而进行的观察，为解决某个问题而主动进行的观察，并在教学实践中得到直接经验和事实素材。这种观察是指观察对象在不被干预控制的自

然状态下进行的，从而使教师能得到被观察者在教育教学活动和日常生活中的自然、真实、典型的心理活动和行为表现，能够直接地、准确地了解正在发生的教育现象及应采取的措施，获得真实、生动的资料。教师有了这些真实的观察资料后，就要分析材料，进一步深刻分析、归纳总结、探寻规律、深入研究，并运用科学的方法来改变教学策略，进一步进行教学实践，以取得更好的教学效果。

（二）教学观察法应用原则

我国古代大教育家孔子认为要了解学生，就应该获得第一手的直接资料，而获得这些资料最好的方法就是运用观察法。他认为不能随意地褒贬他人，所有的评价都必须建立在亲力亲为的观察的基础上，反对道听途说。此外，观察时还应该注意尊重事实的客观性，不带有主观偏见，不被固有思维和刻板印象左右，保持客观。在观察的过程中，应该按照由表及里、由现象到本质的观察顺序，透过表象看本质。

运用观察法时，无论是质化观察还是量化的系统观察，都需要在实际教学情境中针对不同的评价对象做观察记录，并据此做出判断。观察法多用于了解教学运作过程、实施过程，确认课程实施的困难和目标达成度，了解课程产生的非预期结果，并确认资料收集的效度。应用观察法可采用事件记录、查核、系统观察和非结构性观察等方式和技术。

例如，在一节小学低年级的英语课堂上，各个小组在竞赛活动中十分活跃，各组组员争先恐后地举手发言。教师每给获胜的小组加上一分，得分的小组就发出一阵欢呼声。活动结束时，获胜的小组兴奋不已，而失败的小组则垂头丧气，在接下来的活动中也提不起精神，学习积极性明显下降，而说错答案导致小组失去得分机会的同学更是成了"千古罪人"，被小组同学指责。

（三）教学观察法在文科教学中的实施

观察法简单易行，可以帮助教育者随时获取学生的信息。教育者要时刻有观察的意识，让观察成为一种习惯，注意培养敏锐的观察能力，能全面客观地获取信息。在必要的特定场合还需制定观察计划、列出观察提纲，以供观察时作为信息的参考。观察时要做好详细的观察记录，以便后期分析处理数据。

在技术支持下，可以借助录音、录像设备，而不需要教师亲自到现场观察、记录。例如，可以用摄像机将文科课堂教学过程录制下来，教师课后可以反复观看教学视频，发现教学中的亮点和不足，观察学生的课堂表现，进而进行教学反思，提高教学能力；也可以通过校园的视频监控录像，收集学生日常生活、学习的表现，从而进行有针对性的指导。

教师进行课堂评价时要自然得体，切忌使用过分夸张的动作和语气；表扬要恰如其分，绝不能随意使用鼓励与表扬的话语。如果表扬来得太容易，学生就会对此习以为常，也可能导致学生对问题浅尝辄止或随意应付。在一节课上，教师教授了一个新句型，随后点名学生读，学生读完之后，教师用"Good!""Great!""Wonderful!"来评价，由于抽读速度很快，有些学生甚至来不及把句子读完整，教师就迫不及待地说"Wonderful! Next"。

四、信息化教育测试在文科教学评价中的应用

（一）了解信息化教育测试

信息化教育测试是以教育教学目标为依据，综合运用信息技术，以数字化形式对教育活动的过程和结果进行测定、分析、比较和判定的行为和操作。通过在教学过程中使用教学测试软件，以量化形式鉴别教学效果、学生知识水平与学习能力，是将信息技术和教学实际相结合的教学支持工具。

（二）信息化测试的优点

随着信息技术在教育考试和教育测评领域的深入和普及，教育考试从传统的纸笔考试到网上评卷、智能机考和考务管理信息化，发生了根本性的变革。

20世纪90年代，网上评卷作为信息化技术在教育考试领域开始应用后，其高效、质优的优势迅速为人们所认识。短短几年，网上评卷快速扩展开来。目前，全国所有省市高考都实行了网上评卷。以网上评卷的成功实施为突破口，信息化技术向两端延伸到考试前期的命题、报名、组织、编排和考场管理，以及后期的评卷、成绩统计、数据分析，逐渐覆盖了招生考试的全过程。教育考试信息化技术的发展，有力地推动了教育考试由传统向现代的转型，大大提高了教育考试的质量和效率。

国家教育考试是高利害考试，其公平、公正为诸项要义之首。信息化技术已经从命题、试题进厂印制、出厂运输、密室保管、考场启封、考后封袋、运至评卷点到此后的评卷、统计成绩等实现了全程覆盖。如最新研制成功的电子标签，将其贴在试题袋上，除了在考场上由有关监考人员按密码程序正确启封和考后装袋外，在任何时间、任何场所只要有人非法启封，电子标签当即向总部报警，有效地杜绝了在此环节上作弊的漏洞。除了作弊外，有些环节由于客观或难以避免的因素，也有可能造成实际上的不公平。如在高考评卷点，一位高考评卷教师在早晨精力充沛时评的第一张试卷和他在下午处于疲劳状态时评的最后一张试卷相比，问答题和主观题把握的尺度能否做到一致，谁也难以保证，而且无法及时调整。再如人工评卷时，后一位教师在赋分时是否受前一位教师赋分的影响。由此产生的分数，实际上也影响了公平、公正。如今，在信息化技术条件下，这些问题轻易得以解决。

教育考试和教育测评技术的快速发展使搜集、分析和应用数十亿、数百亿的海量考试信息成为可能。由于科学技术发展的局限，恢复高考三十多年来，至今还没有形成一个完整的数据库。如今我们进入了大数据时代，要运用云计算、云管理、云终端技术将数据处理为培养各类人才服务。培养人才是一个完整的过程，作为结果的考试要与过程的测评结合起来，从海量的考试和测评数据中整理分析，找出一个人的长处、爱好、潜能、学术性向和职业方向等。高考制度改革，多元评价、综合素质评价和学业水平考试的引入，要求信息化技术向教育测评领域拓展，这是教育考试事业发展的要求，也是信息化技术发展的新增长点。目前的信息化教育测试系统主要有数字化校园服务中的信息化测试服务系统、专门的教育测试平台和教育测评技术、远程教育机构的信息化在线测试系统等。

[案例片段解析]

让学生填写不完全概念图来评价学生对课文的掌握程度。

在学习《苏州园林》一课时，教师为让学生了解说明顺序，给出了不完整的概念图。

一、点题（1）：苏州园林是我国各地园林的标本。

二、总说（2）：无论站在哪个点上，眼前总是一幅完美的图画。

三、分说（3—9）：
（3）亭台轩榭的布局
（4）假山池沼的配合
（5）花草树木的映衬
（6）近景远景的层次
（7）园林角落的配置
（8）雕镂琢磨的匠心
（9）色彩调配的协调

多方比较、特征突出
围绕中心、有条不紊

【设计意图】通过让学生完成不完整的概念图，可以评价学生对说明顺序的了解程度，也能清晰地暴露出学生在知识掌握上的不足之处。用概念图也有利于学生对知识体系的整体把握。

提示： 概念图的评价任务可以是多样的，有的要求学生用纸画出完整的概念图，有的是在教师绘制的概念图上画上连接线或填上节点，也有让学生构建一定层级关系的概念图。

[案例片段解析]

以某次期末考试试题为例：

My son _____ at home yesterday afternoon. He _____ swimming.

A. wasn't; went   B. didn't; went   C. didn't; go   D. wasn't; goes

该题目正答率仅为 35.0%，全班只有 14 个学生做对了这道题目。题目中第二个空格，go swimming 这个知识点学生都掌握得很好，并且都使用了过去时态 "went swimming"，因此选择 A 和 B 选项的学生比较多。但是对于第一个空格，学生没有搞清楚 be at home 和 go home 的区别。前者是表示在家里这样一个状态，而后者则表示回家这么一个动作，很明显根据题意应该选择 be at home 这样一个状态。

【设计意图】正答率如此之低，是因为教师讲解该知识点时，没有仔细区分这两种表达，或者大部分学生没有听明白，或者根本没有听，应该引起教师的高度重视。

提示： 对学生进行合理、公平公正的教学评价，有助于学生成绩的提高和帮助学生找到学习中的缺点。

小组讨论

1. 教学测试在教学评价中有哪些优势，如何进行客观公正的文科教学测试？

2. 如何进行有效的教学观察，在教学观察中需要收集哪些信息，可以借助什么技术工具帮助我们进行教学观察？

　　3. 有哪些网络平台或社交网络适合做电子档案袋来评估学生的学习情况？各个平台的优缺点是什么，该如何改进？

 实践活动

　　1. 选择一个自认为合适的网络平台，为学生创建档案袋，尝试利用档案袋进行评价。

　　2. 利用概念图对初中地理《山脉与地形区》一课进行教学评价设计。

经典案例

案例一 《夸父逐日》教学设计

一、教材分析

《夸父逐日》是一则文言神话，被编在人教课标版七年级下册第五单元探险篇中。本单元集中了古今中外的探奇故事，旨在激发学生探求的兴趣，学习探险的精神，是人类对未知的探寻，也是人类对未知的挑战。因此，在教学中应注重情感的培养。

太阳，与人类的生活息息相关，从古到今，它一直是一个具有永久魅力的话题。夸父追日是我国最早的著名神话之一，讲的是夸父追赶太阳、长眠虞渊的故事。它表现的不仅是表面上的与日逐走，还有很强烈的象征意义，表达了古代劳动人民对光明的向往，以及征服大自然的雄心壮志。古人虽没有用科学知识揭开太阳的奥秘，但丰富的想象、对大自然的挑战、对未知世界的探索精神是值得我们每个现代人学习的。诗人陶渊明曾写诗赞道："夸父诞宏志，乃与日竞走。""余迹寄邓林，功竟在身后。"

新课标要求在教学中贯彻自主、合作、探究的理念，要让学生学会学习，并获得一些课外知识的补充。培养学生自主、合作、交流、探究的能力，为学生构造一个轻松、活泼、愉悦的学习平台，从而达到接受新知识、培养学生的语感及对我国古代文学的学习兴趣的目的。此教学设计正是根据这一理念针对七年级学生设计的，比较符合现代教育理念。

二、学情分析

本课是在七年级下册的第五单元中，在这之前学生已学过不少的文言文，对于文言文的基础知识已经有所掌握，学习的方向也大致明确。这则神话的篇幅很短，因此，学生在字词理解方面不会有太大问题，教师只要提点一下重点字词，学生应该可以疏通文义了。

三、教学目标

（一）知识与技能

1. 积累文言词汇，能正确理解、翻译课文。

2. 熟读并背诵全文。

3. 通过对课文内容的理解说出对夸父这个人物的认识，进而体会文章主题。

4. 能够借助想象当堂编写神话故事。

（二）过程与方法

1. 通过网络数字资源自学，丰富学生课外知识。

2. 学生之间、教师与学生之间运用网络平台交流学习。

3. 借助网络阅读材料，深化对文章内涵的理解。

（三）情感态度与价值观

通过对文章的学习，体会古人执着探索的精神和征服大自然的愿望和意志。

四、教学环境

资源网站　PPT课件　网络平台

五、教学过程

（一）导　入

1. 神话是我们文学天地中灿烂夺目的瑰宝，上学期我们学习过一篇经过后人改编的神话故事——《女娲造人》（通过网络平台将阅读资料"步履追踪"发送给学生，让学生自行阅读）

（师问）同学们有没有想过，神话是怎么产生的？

你还读过哪些神话故事？能说出其中一两个故事的名字吗？

设计意图：由学生熟悉的神话入手，引出学生不熟知的领域，激发学生渴求知识的热情，同时为下面的学习做好知识储备。

2. 简介《山海经》。

过渡语：有这样一本书叫《山海经》，我们熟悉的鲁迅先生小的时候就很喜欢看，他手中那本是长妈妈送他的，有绘图的书中画着"人面兽，九头蛇、三脚鸟、生着翅膀的人"，这些都深深地吸引了鲁迅，那你们想不想知道这本书中写了什么呢？

教师点击网页"《山海经》"简介。今天我们学习的神话故事就出自《山海经·海外北经》——"夸父逐日"（PPT展示课题，搭配图片）。

设计意图：以伟大人物的爱好来激发学生阅读的兴趣，延展学生课下阅读的范围，也由介绍《山海经》而引出本节课学习的内容。

（二）品读神话《夸父逐日》

1. 欣赏"夸父逐日"动画。

过渡语：在学习之前我们先欣赏一个动画短片，来初步了解一下这个故事吧！（动画欣赏）动画看完了，好看吗？（生发言，允许存在不同意见）

动画有它吸引人的地方，当然也有局限的地方。这些丰富的动画场景也是依照文字经过想象加工改编的。下面，我们就通过学习这篇短小的神话来体会文字的妙处吧！

设计意图：通过欣赏动画更深刻地体会文字的妙处，让学生了解并解读文字，生发想象，也可以创造更多更好的其他形式的艺术作品，培养学生阅读欣赏的情操。

2. 品读课文。

（1）PPT播放课文范读。

（2）生自由朗读。

（3）在朗读的过程中，学生通过查询网络资源分组学习，理解课文中难理解的字、词、句。

（4）学生小组汇报。师生共同解决课文中的重难点字、词、句。（运用概念图将文言文中难理解的字、词与解释相联系，帮助学生理解与记忆）

（5）这篇神话故事全文仅37个字，但情节波澜曲折。它为我们讲述了一个什么故事呢，你能结合原文展开想象为大家描述一下吗？

设计意图：通过品读文本及各种形式的诵读，为学生解读神话故事及理解这个神话故事的内容搭建阶梯。

3. 分析人物形象，体会文章主题。

设问：你心中的夸父是怎样一个形象？

过渡语：神话中的夸父与日竞跑，最后口渴而死，手杖化为桃林……今天，我们通过读这段文字来了解这个神话人物。你怎样看待他的行为举动？在你心中，夸父又是怎样的一个人？

学生可能会从积极和消极的两个方面回答，教师在肯定他们勇于表达见解和主张的同时也应正确引导学生理解神话创作的意义：

同学们敏锐地看到了人力不足的一面，但我们更应该从夸父身上看到古人探索、征服大自然的强烈愿望和顽强意志，这正是神话的意义所在，更是它经久的魅力所在！

设计意图：在分析人物形象的过程中，让学生了解神话创作的意义所在，对古人探索大自然、征服大自然的精神愿望有一个正确的认识和评价，同时激励学生学习、发扬这种精神。

4. 课外扩展

学生自主搜集《山海经》中其他的神话故事，与小组同学分享。

案例二 《云南的歌会》教学设计

一、教材分析

《云南的歌会》是人教版九年义务教育标准实验教科书八年级下册第四单元的课文。第四单元所选的五篇课文介绍了我国部分地区的节日风俗和民间轶事，组成了一幅幅有声有色的民俗风情画卷。学习这个单元，能够引导学生关注民俗，学会从生活中发现无穷乐趣，还能增强学生的民族感情。

《云南的歌会》出自现代作家沈从文之手。在"歌会"的大标题下，作者用精妙的文笔描绘了三种不同场面的民歌演唱，对每一个场面的描写都各有特写，三个场合在内容上各有侧重，在手法上也各不相同，文章字里行间洋溢着对自然、对人、对艺术的品味与赞赏。

二、学情分析

本课是八年级下册的第四单元中的首篇课文。在这之前学生已学过不少散文，对于散文的特点已经有所了解，归纳概括能力也有所提高。但是，学生对于民俗内容缺乏了解，因此，在整堂课中教师安排了三种不同方式的拓展阅读，以加深学生对民风民俗的了解和对民风民俗的热爱。

三、教学目标

（一）知识与技能
1. 掌握本文中所有的生字词。
2. 培养学生在诵读中提炼课文内容的能力。
3. 引导学生赏析、品味文中人物描写、环境描写、场面描写及精彩的语言。
4. 深入了解当地的民风民俗并且能当堂写作。

（二）过程与方法
1. 通过反复朗读理清文章思路。
2. 通过生生互动、师生互动的方式赏析文中三个歌唱场面的内容和特点。
3. 通过不同方式的拓展阅读，拓宽学生的视野，加深学生对民风民俗的了解和热爱。
4. 通过当堂对当地民风民俗的作文训练，使学生通过这两个课时的学习，真正得到听、说、读、写的训练。

（三）情感态度与价值观
感受作者笔下美好的生活，培养学生热爱民俗文化的情感。

四、教学环境

多媒体网络课件　网络平台　网络数字资源

五、教学过程

第一课时：
1. 情景导入，激发兴趣。
播放《56个民族》MV，引导学生欣赏歌曲的时候感受我们56个民族是一个大家庭，每个民族都有自己的特色。
设计意图：通过欣赏《56个民族》MV，加深学生对民风民俗的了解和对民风民俗的热爱；调动课堂气氛，激发学生学习兴趣。

2. 云南民俗，加深印象。

运用PPT展示云南的地理位置、气候特点、民风民俗的图片，从整体上感受云南这个神奇的地方。

设计意图：创设课文情景内容，让学生了解云南的地理和民俗的特点，延展学生对本文的了解范围，营造情感氛围。

3. 了解作者，建构支架。

学生自主上网查找资料，了解作者及其作品，并小组合作进行汇报。

设计意图：通过让学生利用网络工具查阅资料，来加强学生的动手能力，增强学生独立自主的学习意识和小组协作的意识。

4. 范读朗读，感知课文。

通过播放音频课文范读，让学生对课文有整体的感知，并标出自己不认识的生字和生词。

设计意图：通过声情并茂地朗读课文，让学生的情绪与作者的情绪互通、共鸣，把学生带到作者的情感世界。

5. 字词学习，落实基础。

运用概念图呈现生字，让学生自行完善概念图，并将本节课的生字和生词进行注音、解释、造句。

6. 小组合作，解构课文。

学生小组协作学习，用概念图将课文结构进行梳理。本文在"歌会"的大标题下，描绘了哪三个场合中唱歌的情景？每个场面各有什么特点？

设计意图：利用概念图帮助学生理解和掌握生字、词。概念图能够清晰地将课文的结构进行整合并展示出来，有利于学生更直观地理解行文结构和文章大意。

7. 民俗拓展，开阔视野。

学生自主上网查询云南的民俗风情画，并通过平台分享。让学生了解云南的民风民俗，除了唱歌之外，还有很多其他方面的内容，使学生在不同内容和方法的相互交叉、渗透、整合中开阔视野。

设计意图：利用网页提供的广阔的网络资源，拓宽学生的视野，让学生了解云南的民风民俗。

第二课时：

1. 合作探究，感悟内化。

细读课文，回答：

问题1：作者是如何描写三个场合的唱歌情景的？三个情景有什么特点？

问题2：三个场合各自描写的重点是什么？

问题3：云南的歌会和我们平时听到的音乐会有哪些不一样的地方？

教师引导学生自主合作讨论，提出自己的见解。

2. 典型赏析，随段拓展。

通过平台给学生发布与本课相关的其他读物，让学生自行阅读。

设计意图：让学生在主动积极的思维和情感活动中，加深理解和体验，有所感悟和思考，受到情感熏陶，获得思想启迪，享受不同民族的风俗习惯。

3. 课堂随笔，知识迁移。

过渡语：云南是幸运的，因为有了沈从文，我们就能品味到如此美丽而富于诗意的民风民俗。同学们，我们生活的南庄，也有很多独特的风俗习惯，如"南庄的粽子"、"卖懒"、"奇特的红包"、"春节送礼的讲究"，今天，就让我们来做第二个沈从文，让我们用笔把南庄别具一格的民风民俗记载下来，让更多的人了解南庄，热爱南庄！

4. 指导学生按要求写作。

要求：

(1) 题目自拟，题目的内容要具体，不能太笼统。

(2) 仿照本文中三个场景的描写方法，有所侧重地描写其中一点。

(3) 字数在 300 字以上。

设计意图：文科教学主要是培养学生听、说、读、写的能力，而"写"又是最高的能力。引导学生关注身边美丽浓郁的民俗文化，鼓励学生写出当地独具特色的风俗习惯，达到对课堂知识的理解和运用。

 案例三 《I can swim》教学设计

一、教材分析

本课是北师大版先锋英语教材一年级下册的最后一个主题。本主题共需五课时，本课是第二课时。主要学习内容是在复习第一课时的五个动词，即 jump，run，walk，dance，swim 的基础上，通过巩固学习第一课时的拓展句型 "Can you ...? Yes，I can. / No，I can't" 来继续学习 "read，write，talk，sing，play，eat，color" 七个动词。

二、学情分析

1. 学生已经初步养成了网络环境下的英语学习习惯，能听懂教师的常用课堂指令。

2. 学生能借助肢体动作来表述自己会做的事情，如跑、跳、走、游泳、跳舞。

3. 学生能说出常见动物的名称。

三、教学目标

（一）知识目标

1. 词汇：read，write，talk，sing，play，eat，color

2. 句型：Can you ...? Yes，I can. /No，I can't.

3. 拓展词汇：drink，draw

4. 拓展句型：What can …do? It can …

（二）能力目标

1. 学生能根据自己的实际表达。

2. 学生能根据教师的指令自主听读。

（三）情感态度与价值观

1. 培养学生大胆与他人进行英语交际的习惯。

2. 通过学习激发学生的成就感，同时激励学生培养自己各方面的能力。

3. 了解动物的本领，激发学生热爱小动物的情感。

四、教学环境

课题组资源　多媒体课件　网络教室

五、教学过程

Step 1：*Warm up*

Sing a song：I can walk，one two three…

设计意图：歌曲激趣，为学生创设了宽松、愉悦的课堂氛围，同时为下面的复习做好了准备。

Step 2：*Revision*

Show the pictures of actions

（1）T—S

T：What can you do?

S：I can…

（2）Pair work

设计意图：通过师生对话、生生对话复习上节课的单词和句型，帮助学生及时巩固，加强记忆。

Step 3：*Presentation*

T：We can do many things．Now，let's listen：What can these children do?

1. Listen to a chant：I can…I can…Can you…

设计意图：通过听读歌谣，让学生再次熟悉句型：Can you …? Yes，I can. /No，I can't. 并且熟悉单词：read，write，talk，sing，为下面的新课学习做好铺垫。

2．Learn the new words and new sentence

（1）Show the picture of reading

T：Look，the boy can ?

S：read（Teacher can do the action）

①Teach the new word

②Ask and answer

T：Can you read?

S：Yes，I can. /No，I can't.

（2）Use the same method to learn other new words.

（3）Model work

（4）Pair work

（5）Ask two pairs to show their dialogues

设计意图：以语言交际为中心，通过师生对话、生生对话，帮助学生掌握新单词和新句型。

T：We can read，we can write，we can talk，we can sing. Now，let's listen：What can the monkey do?

3. Listen to word 5，Word 6，Word 8

4. Learn the new words：color，eat，play

（1）Show the picture of coloring

T：Look，the monkey can? Ss：Color.

（2）Teach the word：color

（3）T—S

T：Can you color?

S：Yes，I can. / No，I can't.

（4）Use the same method to learn other words：eat，play

（5）Pair work

（6）Ask two pairs to show their dialogues

设计意图：通过听读句子感知新单词，在师生对话、生生对话的过程中帮助学生习得新词。

Step 4：*Extending reading*

1. Listen to rhythm 5：Draw，draw，I can draw.

设计意图：通过听读歌谣帮助学生巩固学习新词，同时拓展学习新单词"draw"。

2. Listen to rhythm 8—5：Run，run. The dog can run...

（1）Listen and follow the computer loudly

（2）Say the chant together

设计意图：通过吟唱歌谣，一方面培养学生的韵律感，另一方面让学生学会描述动物的本领，为下面的拓展句型做好铺垫。

3. Listen to rhythm 8—7：I like the small cat.

（1）Listen and follow the computer loudly

（2）Show the pictures of dog，cat，fish，rabbit，bird

①T—S

T：What can...do?

Ss：It can...

②Pair work

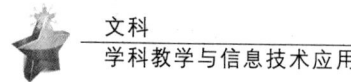

设计意图：通过听读上面两个资源，教师引导学生学会表达各种动物的能力，为下面的综合表达做好准备。

Step 5：*Make a dialogue*

1. Show the picture

2. T—S

T：What can you see?

Ss：I can see a...

T：What can...do?

Ss：I can...

T：What can you do?

S：I can...

T：Can you...?

S：Yes，I can. / No，I can't.

3. Pair work

4. Ask one pair to show the dialogue

Step 6：*Summary*

T：Today，we learned seven new words and one new sentence. You did very well.

Step 7：*Homework*

Say the new words and new sentence to your parents.

设计意图：培养学生向家长汇报学习成果的习惯，帮助学生及时巩固当天所学的知识。

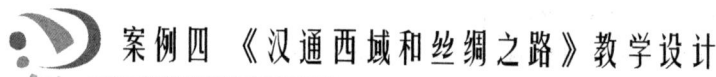

案例四 《汉通西域和丝绸之路》教学设计

一、教材分析

本文是人教版历史课七年级上册第三单元第 15 课。课本内容主要包括，张骞通西域、丝绸之路、班超经营西域。汉朝对外交往充分体现了中西文明的交流与渗透，而丝绸之路是中国古代文明向外传播的重要通道，所以本课在整个中国古代史上占有重要地位。根据新课改的理念和学习的需要，教师对内容做了一些调整和拓展：以丝绸之路作为本节课的主线，增加了对丝绸之路变迁和衰落的探讨，以史为鉴，谈对当今的启示。这些正是我们历史教学的最终目标，让学生在学习的过程中受到历史的熏陶，为现实服务。

二、学情分析

在网络迅速发展的今天，学生已经能够运用网络，而且他们对新事物比较感兴趣，对一些社会热点问题会给予一定的关注。但七年级学生的知识积累还较少，同时对历史地理的概念比较模糊。

三、教学目标

（一）知识与技能

1. 了解张骞出使西域、中央政府对西域实行管辖、丝绸之路等基本史实，使学生初步掌握我国古代历史上中原地区与边疆地区的经济文化联系和东西方经济文化交流的历史过程。

2. 通过课堂活动培养学生探究历史的兴趣和初步探究历史问题的能力，以及学生的合作意识、集体荣誉感；通过对各种历史现象的思考，培养学生的想象、理解、分析、归纳、知识迁移等能力以及口头表达能力，帮助学生形成基本的社会和历史发展观，全面、客观地看待问题。

（二）过程与方法

1. 利用多媒体课件和网络资源组织教学，创设生动活泼的历史情境，扩大知识视野，提供丰富的历史学习材料，使学生获得感性认识和心灵体验。

2. 调整教学顺序，重组教学内容，便于学生的理解。

3. 以模拟活动的形式组织学生自主学习，让学生丰富的课外知识在课堂上得到最大限度的释放，成为课堂的主人；通过分小组讨论，加强同学之间互相协作、沟通的意识。

4. 设计多种类型的问题，充分调动学生的思维，让学生在思考、归纳、想象、描述、交流中理解和评价历史，并找出解决问题的办法。

5. 与相关的地理、语文知识相衔接，初步培养学生跨学科综合思维的能力。

（三）情感态度与价值观

1. 丝绸之路是古代中国走向世界之路，它是中华民族向全世界展示其伟大创造力和灿烂文明的门户，也是古代中国得以与西方文明交融交汇、共同促进世界文明进程的合璧之路。通过学习此课增强学生的民族自豪感。

2. 通过学习张骞为报效祖国不屈不挠、勇于冒险和开拓的精神，激发学生的爱国情感和开拓进取的意识。

3. 强调历史知识与现实生活的联系，引导学生关注社会发展，懂得学以致用。

四、教学环境

多媒体课件　网络资源

五、教学过程

（一）情景导入

课件：成语填空

千（　）万缕　　　锦（　）前程　　　牛郎（　）女

衣（　）还乡　　　花拳（　）腿

讲述：这些成语都和丝或丝织品有关。中国是最早养蚕缫丝的国家。中国的丝绸举世闻名，古代西方称中国为"丝国"，寄托了他们对古老东方的美好想象。历史上贯通东西方的一条著名的国际交通要道就是以中国的丝绸命名的，即丝绸之路。今天，我们将追溯历史的足迹，感受先辈的辉煌，进行一次有意义的探究之旅——寻访丝绸之路。

设计意图：通过填写相关成语，引发学生对丝绸之路的好奇心。调动课堂气氛，激发学习兴趣。

（二）新　课

1. 丝绸之路

课件：丝绸之路路线示意图（伴配乐诗：《凉州词》：黄河远上白云间，一片孤城万仞山。羌笛何须怨杨柳，春风不度玉门关。《渭城曲》：渭城朝雨浥轻尘，客舍青青柳色新。劝君更进一杯酒，西出阳关无故人。）

讲述：古代丝绸之路分为海陆两路，一直以来人们对陆路丝绸之路的关注更为密切。诗中的阳关、玉门关是陆路丝绸之路上的两个重要地点，它们以西的广大地区历史上称为西域。今天进行的探究之旅活动将全班同学组成一个联合考察团，从西安出发沿丝绸之路向西进行寻访考察。这个团队由四种不同身份的人组成，即旅游观光者、考古学家、古代商人、文化使者，将分别为大家介绍沿途景色、考古发现、贩运的物品、传播的文化等。

学生可根据自己的兴趣和特长自由选择身份，组成四个小组，互相讨论、交流。教师鼓励学生充分利用课外知识和丰富、合理的想象来完成本组的主题，准备好回答相关的提问。

课件：荒漠、沙漠、绿洲、戈壁、草地、雪山（先显示图片，待学生回答后在图片下方显示文字）

设计意图：旅游观光小组的学生说出以上所显示的景象名称，并即兴创作一段简短的丝路风光的介绍，展示同学们的口头表达能力。同时教师引导学生认识到对当年徒步往来于丝路的商旅而言，路途不只是遥远，自然界的沙漠、戈壁、海洋和高山都是障碍，而丝绸之路的畅通，首先就是要克服这些自然障碍，甚至要付出生命的代价，从中体会到行走丝绸之路的艰辛。

考古小组同学点击学习网站（http://www.cctv.com.cn）中央电视台新闻专题，揭开楼兰文明消失之谜。

思考：新疆的楼兰古城曾是丝绸之路的重镇，维持了数百年的繁荣，今天，我们已经无法目睹楼兰古城的辉煌，只能凭借残垣断壁去遐想。你认为楼兰古城消失的原因是什么？你从中受到哪些启示？

考古小组的学生回答，其他小组可做补充。对于学生联想到的环境遭到破坏、水源缺失、外族入侵、疾病流行等结论，教师应从思维的角度予以肯定。

设计意图：学生搜寻网站的专题找出科学考证的结论，人为地乱砍滥伐森林、无计划地滥用水源是导致楼兰古城消失的真正原因。教师启发学生结合相关的地理知识谈谈从楼兰古城的消亡中得到的启示，从而认识到保护环境、合理开发资源、科学治理的重要性，唤起人们对环境的忧患意识。

课件：胡萝卜、丝绸、中草药、西瓜、核桃、葡萄、瓷器、茶叶、铁农具（图片、文字显示）

提问：商人是要讲究经济效益的，如果你从中原出发，带以上哪些商品到西域才能盈利？在你归来的时候，你应该把西域的哪些物品销往中原才能赚到钱？

商人小组的学生回答此题。

讲述：在人类文化交流中，最普遍的是物产的交流。中国物产在古代大量外流，是中国对世界文明的重要贡献。同时通过丝绸之路，西域的物产流入中国，也极大地丰富了中国人的生活。中国是丝绸的故乡，在经由这条路线进行的贸易中，中国输出的商品以丝绸最具代表性，因此将这条陆上交通路线称为"丝绸之路"。

课件：佛教、基督教、印刷术、造纸术、指南针、火药、针灸（图片、文字）

提问：丝绸之路最初只是在经济上互通有无，作为商品交换，后来突破了经济范畴，在政治、外交、文化、艺术等各个领域都有深远影响。在以上文化成就中，中国对世界的贡献有哪些？世界对中国的影响有哪些？

文化使者小组的学生回答此题。

教师强调中国古代科技长期处于世界领先地位，尤其四大发明的西传有力地推动了欧洲文明的进步，改变了世界的面貌。而中国文化在漫长的发展历史中，也曾深刻地受到了外部文明的影响，使古老的中华文明得以不断更新、发展。

丝绸之路成为中国与西方世界沟通的桥梁，人们对丝路畅通的兴奋，对遥远世界的向往，对丝绸之路带来的种种具体感受，成就了无数动人的诗篇。丝绸之路所代表的交流与开放的精神，至今仍然存在。在我们的生活中，可以看到许多与丝路有关的文章、歌曲、影视、社会活动等。

设计意图：视频中提供丝绸之路的相关片段，图文并茂。学生通过观看、欣赏，能更好地理解本文的内容，更了解我们乃至世界丝绸之路的伟大，激发起内心的自豪感，能充分思考并表达自己的感受，更好地掌握本课内容。

2. 张骞通西域

导入：鲁迅说过，这世界上本没有路，走的人多了，也便成了路。丝绸之路造就了一批以果敢的精神、坚强的毅力克服重重艰难险阻的丝路人物。其中开通丝绸之路的先驱是谁呢？

学生点击历史学习网站（www.chiculture.cn），观看动画短片《张骞"凿空"》。

提问：片中有这样的情节，张骞在出使途中被匈奴人抓住，被迫在匈奴结婚生子，过了十几年，张骞抛妻弃子，逃离匈奴，始终不忘自己的使命。如果你是片中的那个孩子，你会恨你的父亲抛下你吗？你如何看待这种做法？

学生大胆发表自己的看法，真诚表露自己的情感，教师启发学生学习张骞忠于祖国的献身精神和不畏艰险、锲而不舍的顽强斗志。

思考：张骞出使西域本意是为了寻找盟友夹击匈奴，屡遭坎坷，受尽磨难，但未能完成使命，抱恨而归，那么张骞此行岂不是劳而无功？

在学生讨论、发言的基础上教师总结：①张骞出使西域熟悉了西域的地理环境和风土人情，中国从此才了解到西域各国的情况，开始了与西域各国的友好往来，最终形成

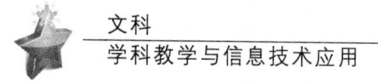

了中央政府对西域地区的政治管辖，公元前 60 年，西汉政府设置西域都护，从此，新疆地区成为我国不可分割的一部分。②促使了丝绸之路的全线贯通和空前繁荣。

设计意图：学生推荐的过程其实就是快速筛选的过程，通过阅读推选出来的四个优秀片段，可以欣赏学生的精彩表达，能让学生的感悟和体会更充分、更深刻。

（三）课堂小结

课件：报纸上有关丝绸之路申报世界文化遗产的报道（扫描制作）。

思考：通过重走丝路活动的所见所闻和学习张骞开通丝绸之路的"凿空"之功，你认为丝绸之路有资格申报世界文化遗产吗？如果你成为申遗代表团的成员，你将如何阐述你的理由以获得评审团的认可？

教师指导学生回答此题即是将本节课的学习内容进行归纳小结，学生的回答无须面面俱到，说清思路即可，培养学生概括、归纳问题的能力和语言表达能力。

设计意图：教师提出自己的想法，能让学生更好地领悟文章主旨并加深理解，同时通过教师的看法来激发学生的想法。

（四）学习延伸

课件：古代丝绸之路和现代铁路图、戈壁荒漠中的铁路和公路。

思考：丝绸之路在工业化到来的时刻，完成了它的历史使命，它已被东起连云港、西至荷兰鹿特丹全长 10900 公里的国际铁路线取代。丝绸之路已渐渐成为历史，虽然当地的人们依然行进在这条古路上，但同一条路已经不再具有原来的沟通世界的干线意义了。你认为古老的丝绸之路在今天可以开发哪些新的价值呢？

设计意图：同学们结合生活实际，奇思妙想，畅所欲言。对于学生提出的诸如开发大西北、发展旅游资源、建立影视基地和博物馆、开发光能发电等合理的建议，教师应予以赞扬，让学生更好地体会课文的主题思想，并能让自己内心的情感得到更好的升华。

（五）作业布置

在网上查找有关丝绸之路的话题网站，以"丝路花絮"、"丝路人物"、"丝路风情"、"丝路故事"等为题写一篇小文章。

设计意图：有关丝绸之路是一个很宽广的知识，一节课中学到的仅仅是点滴而已，应该将丝绸之路的学习延伸到课外，布置这个作业可以将课内教育和课外实践相结合，真正落实情感目标。

案例五 《降水的变化与分布》教学设计

一、教材分析

《气温的变化与分布》是人教版九年义务教育标准实验教科书七年级上册第三章第二节的内容，是对第一节《多变的天气》的补充和延伸，同时也为学习第四节有关气候的知识打下了基础，这样就使本章学习的天气与气候知识成为一个有机的整体。降水是组成气候的基本要素之一，本节只安排了降水与生活、降水的季节变化和降水的分布三方面知识。

二、学情分析

在小学科学课中，学生对部分地理知识有所涉及。从内容上看，七年级学生会觉得既熟悉又新鲜，如雨、雪、冰雹等降水现象，但在降水季节变化上，认识水平短缺，加上空间思维能力和地理学习方式、习惯还没有完全养成，学习起来有一定的难度；从年龄特征和心理状态上看，七年级学生学习兴趣浓厚，并且敢于表达自己对问题的不同看法，具有良好的协作学习的习惯和能力。

三、教学目标

（一）知识与技能

1. 了解降水的含义、主要形式和降雨的等级划分。

2. 初步学会阅读世界年平均降水分布图，说出世界降水分布的差异。

3. 通过授课使学生理解降水的多少对人类活动的影响。

4. 使用降水资料，绘制降水量柱状图，并说出降水的变化规律。

（二）过程与方法

1. 通过网络数字资源自学，丰富学生课外知识。

2. 学生之间、教师与学生之间运用网络平台沟通、交流、协作学习。

3. 借助网络阅读材料，深化对教材的理解。

（三）情感态度与价值观

1. 通过本节知识的学习，进一步认识到生产、生活离不开地理，明确地理学习的重要性，提高地理学习的兴趣，初步养成求真务实的科学态度。

2. 通过对扬州地区降水情况的了解，让学生了解家乡、热爱家乡。

四、教学环境

多媒体网络课件　网络平台　网络数字资源

五、教学过程

（一）导　入

1. 扬州地区在每年的六月中旬到七月中旬以什么天气为主？这种天气通常又称为什么？（播放视频资料"梅雨"）

2. 学生结合自己的观察和体验进行思考和说明。

设计意图：利用生活实际进行情境导入，有利于充分调动学生学习的积极性，进而广泛参与，体现主体意识。

（二）新课教学

1. 降水与我们

（1）引导学生阅读教材"降水与我们"文字内容，介绍降水的概念、降水的主要形式和降雨的不同等级。

（2）活动探究：将学生分成三个小组，分小组讨论"不同降水状况可能给人类生产生活带来的影响"。

（3）教师实物操作雨量器和量杯。

（4）学生阅读教材、小组讨论并选举代表举例说明不同降水状况可能给人类生产生活带来的影响。

（5）朗读"降水量的测量"，观看视频，探究降水量的测量方法。

设计意图：加深学生对降水与人类活动关系的认识，锻炼学生合作探究的能力，培养学生关注生活的思想情操。

2. 降水的季节变化

（1）教师引导学生复习反映气温年变化趋势的"气温曲线图"，指导学生阅读"降水的季节变化"文字内容，介绍降水量柱状图。

（2）展示扬州市多年（1989—2006）月平均降水量表格，要求两名学生（同桌）为一个合作小组，绘制降水量柱状图，并对绘图情况加以点评，总结出绘图的注意事项。

（3）学生读图分析。

（4）小组根据气温曲线图的绘制方法和步骤，思考、讨论并在教师的引导下归纳降水量柱状图的绘制方法和步骤，完成绘图。

设计意图：明确降水的季节变化一般用柱状图表示，培养学生读图、绘图的能力并且通过合作绘图增强合作精神。

3. 降水的分布

教师播放投影，展示"世界降水量分布图"，引导学生读图，设问（如下）并总结影响降水量的因素。

（1）赤道附近降水多还是两极降水多？

（2）温带地区，大陆内部降水多还是沿海降水多？

（3）南、北回归线附近，大陆东岸降水多还是西岸降水多？

（4）世界的"干极"和"雨极"各在哪里？

学生读图、分析、完成上述问题，并概括出世界降水量的分布规律。

设计意图：培养学生读图能力和读图比较获取知识的能力。

4. 课堂小结

这节课我们共同学习了降水与降水分布，明确了解了降水与生活的关系及降水的测量。通过阅读了解了不同地区降水的季节变化，能从世界年降水量分布图中看出明显的规律，并学会绘制降水量柱状图。希望同学们在今后的学习中把学会的知识运用到实际中。

参 考 文 献

[1] 中华人民共和国教育部. 中小学教师信息技术应用能力标准（试行）[S]，2014.

[2] 中华人民共和国教育部. 中小学教师信息技术应用能力培训课程标准（试行）[S]，2014.

[3] 中华人民共和国教育部. 义务教育语文课程标准（2011 年版）[S]. 北京：北京师范大学出版集团，2011.

[4] 中华人民共和国教育部. 义务教育英语课程标准（2011 年版）[S]. 北京：北京师范大学出版集团，2011.

[5] 中华人民共和国教育部. 义务教育历史课程标准（2011 年版）[S]. 北京：北京师范大学出版集团，2011.

[6] 中华人民共和国教育部. 义务教育地理课程标准（2011 年版）[S]. 北京：北京师范大学出版集团，2011.

[7] 赵改娟. 交互式电子白板在小学语文识字教学中的应用研究：以宁夏长庆小学为例 [D]. 银川：宁夏大学，2013.

[8] 李连凤. 有效应用学习资源的策略及其研究 [D]. 武汉：华中师范大学，2012.

[9] 陈迪. 互动媒体支撑下的课堂教学研究 [D]. 武汉：华中师范大学，2012.

[10] 高子林. 学习设计背景下数学学习资源的选择策略 [J]. 教育科学研究，2008（7）.

[11] 李静. 巧用媒体让语文课堂更加精彩飞扬：多媒体在识字教学中的应用例谈 [J]. 科技创新导报，2013（14）.

[12] 祝智庭，钟志贤. 现代教育技术：促进多元智能发展 [M]. 上海：华东师范大学出版社，2003.

[13] 张天舒. 思维导图在初中英语复习课中的应用研究 [D]. 上海：上海外国语大学，2012.

[14] 钟元翔. 谈中小学教学中信息技术的运用 [J]. 中小学电教：下，2013（12）.

[15] 胡庆芳. 创新课堂复习教学的实践策略研究 [J]. 思想理论教育，2012（2）.

[16] 李娜. 信息技术在农村初中英语复习课教学中的应用研究 [D]. 长春：东北师范大学，2012.

[17] 陈萌. 交互白板在中学课堂教学中的应用研究 [J]. 电子杂志社，2012.

[18] 王纳新. 交互式电子白板在中学教学中的应用现状及对策研究 [D]. 西安：陕西师范大学，2013.

[19] 李淑立，牛晋丽，苏亚玲. 思维导图在 PPT 制作中的应用 [J]. 软件导刊，2014，13 (1).

[20] 赵国庆. 概念图、思维导图教学应用若干重要问题的探讨 [J]. 电化教育研究，2012 (5).

[21] 王艺晓. 信息技术在中小学教学中的应用现状及对策分析 [J]. 电脑与电信，2012 (04).

[22] 李启波. 思维导图在中小学学习过程中的应用研究 [J]. 教学实践研究，2013 (10).

[23] 张敏. 利用思维导图提高学生学习效率的探索 [J]. 中国医学教育技术，2010 (4).

[24] 张喜琴. 概念图的理论及其教与学的工具价值 [J]. 教学与管理，2007.

[25] 徐明. 基于数字化教学资源的小学课堂教学研究 [D]. 南京：南京师范大学，2006.

[26] 刘洪涛. 人机交互的多媒体课件的开发 [J]. 辽宁师专学报，2011 (12).

[27] 洪巧红. 多媒体技术在高校教学与中小学教学中的比较研究 [J]. 中国教育信息化，2007 (8).

[28] 李园. 构建师范生专业技能成长电子档案袋 [J]. 中国电化教育，2011 (2).

[29] 江彬，邱立中. 科学认识档案袋评价 [J]. 上海教育研究，2003 (11).

[30] 马晓云. 应用博客实施数字化档案袋评价的实践探索 [J]. 远程教育杂志，2006 (2).

[31] 黄光国. 正确认识和科学使用档案袋的方法 [J]. 课程·教材·教法，2003 (2).

[32] 康建琴. 档案袋评价在教育中的应用 [J]. 山西档案，2005 (6).

[33] 张安超. 量规在影视艺术课程教学评价中的研究 [J]. 科技信息，2009.

[34] 许黎黎. 基于量规的在线作业评价系统的设计与开发 [D]. 上海：华东师范大学，2006.

[35] 鲁利瑞，坎贝尔. 多元智能教与学的策略 [M]. 北京：高等教育出版社，2001.

[36] 李霞，杨传斌. 对 Webquest 评价环节的一些探讨 [J]. 现代远距离教育，2004 (4).

[37] 何向阳，祁玉娟. 概念图的评价研究 [J]. 软件导刊，2009 (3).

[38] 苏丽丽. 基于概念图的教学评价 [J]. 教学管理，2008 (8).

[39] 董锦华，王骏. 观察法在教育教学中的有效实践 [J]. 中国西部科技，2010 (10).

[40] 王贵元. 建构主义学习理论和多元智力理论对高中化学教学的启示 [J]. 科技信息（科学·教研），2008 (4).

[41] 加依，柯蕾. 建构主义学习设计 [M]. 北京：中国轻工业出版社，2008.

[42] 何克抗，等. 教学系统设计 [M]. 北京：北京师范大学出版社，2002.

[43] 王松泉，等主编. 语文教学心理学基础 [M]. 北京：社会科学文献出版社，2002.

［44］王宝大，等．导入技能 结束技能［M］．北京：人民教育出版社，2001．

［45］巴班斯基．论教学过程最优化［M］．吴文侃，等译．北京：教育科学出版社，2001．

［46］叶澜，等．教师角色与教师发展新探［M］．北京：教育科学出版社，2001．

［47］区培民．语文教师课堂行为系统论析［M］．上海：华东师范大学出版社，2001．

［48］冯忠良，等．教育心理学［M］．北京：人民教育出版社，2000．

［49］［捷］夸美纽斯．大教学论［M］．傅任敢译．北京：教育科学出版社，1999．

［50］张春兴．教育心理学［M］．杭州：浙江教育出版社，1998．

［51］周庆元．语文教学设计论［M］．南宁：广西教育出版社，1996．

［52］许建辉．课堂导入技巧探微［J］．语文教学与研究，2007（14）．

［53］谭昶华．初中语文课堂教学导入设计初探［J］．科学咨询（教育科研），2010（03）．

［54］胡汉超．例谈语文课堂导入语的设计［J］．语文教学与研究，2008（14）．

［55］邓彤．课堂造境：语文教学的脚手架［J］．中学语文教学，2007（05）．

［56］付文雯，王磊．谈教学导入的创新策略［J］．陶瓷研究与职业教育，2007（02）．

［57］赵虎．信息技术课堂导入艺术［J］中国信息技术教育，2011（18）．

［58］陈红媛．试论多媒体技术在中学英语教学中的运用［J］．新课程研究，2010（82）．